MARCO POLO

W0063808

Dein Insider-Trip

HAMBURG
& Umgebung

Besondere Erlebnisse – von entspannt bis rasant

Inhalt

Die Klassiker reloaded

Altbekanntes ganz neu erleben

LOS GEHT'S

Die Lecker-bissen

Verführerisches
von süß bis deftig

Die kreativen Orte

Kunst & Kultur
von gediegen bis hip

Die wilde Seite

Gas geben und Spaß haben von sportlich bis mutig

Die ruhigen Ecken

Entspannen von minimalistisch bis luxuriös

Das pralle Leben

In Feierlaune das ganze Jahr

Mix & Match

Mach dein eigenes Ding

Dies & Das

Karten, Register & mehr

Michel, Hafenrundfahrt, Miniatur Wunderland – so kennst und liebst du Hamburg. Und echte Klassiker werden auch niemals langweilig. Schau um die Ecke, nimm eine andere Perspektive ein, such die geheimen Orte und neuen Interpretationen. Und huch: Ist da schon ein neuer Klassiker im Anmarsch?

Die Klassiker reloaded

Altbekanntes ganz neu erleben

Klönschnack am Fluss Vom Ponton aus die Elbe anschmachten

→ Gutes Essen, super Ausblick, gemütliches Gequassel: auf dem Ponton Op'n Bull

Richtig toll, so ein Ponton. Über eine Gangway geht es auf den verankerten Schwimmkörper. Erste Reihe, freie Sicht, perfekter Treffpunkt für einen Klönschnack. Und zur Schiffsbeobachtung.

Schon der Spaziergang vom Bahnhof in Blankenese zum *Ponton Op'n Bull* fühlt sich nach Urlaub an. Durchs Treppenviertel mit verwinkelten Gassen, prachtvollen Villen und Fischerfahnen. Die Elbe stets im Blick. Was darf's sein? Hamburger Pannfisch, Spargelcremesuppe oder Currywurst mit Mango-Sauce? Die Speisekarte ist bunt, die Gäste auch. Ungehinderter Blick auf den Flughafen von Airbus. Das Alte Land ist nur eine kurze Fährüberfahrt entfernt, Sehnsuchtsziel vieler Radler während der Apfelblüte.

Mit viel Gefühl legen Fährführer am Altonaer Fischmarkt an. Schwankend wird es am *Liberté* dennoch. Darum Crémant, Käseplatte und Moules Frites bitte festhalten. Schon gewusst? Dort, wo du gerade auf Bistrostühlen sitzt, legten einst Elbfischer an. Von 1703 bis in die 1950er-Jahre verkauften sie sonntags ihren Fang direkt aus ihren Booten. Das muss ein Spektakel gewesen sein!

Ohne Schnickschnack kommt das *Café Schlick* in der Billwerder Bucht aus. Mit dem Rad hin und eine Runde auf dem Industriedenkmal Elbinsel Kaltehofe drehen. Fischbrötchen mit Matjes oder Algen, Herrengedeck, ein Chili con Carne unter der Lichtergirlande verputzen. Boote gucken und Hafenromantik genießen.

INSIDER-TIPP
Kleine Extra-runde

1 Ponton Op'n Bulln • Strandweg 30, 22587 Hamburg • pontonopnbulln.de

2 Liberté • Große Elbstr. 9a, Anleger Altona Fischmarkt, 22767 Hamburg • liberte.hamburg

3 Café Schlick im Moorfleeter Yachthafen • Kaltehofe-Hinterdeich 9, 20539 Hamburg • Facebook: Cafe Schlick

In alle Himmels-richtungen Abends beim Turmtüter

Der goldene Zeiger der Turmuhr kippt gleich zur vollen Stunde. Ob der Wind mitspielt? Mit etwas Glück vernehmen die geschäftigen Städter zwischen Landungsbrücken und Großneumarkt gleich eine jahrhundertealte Tradition. Täglich klingen Trompetentöne vom Turm der *Hauptkirche St. Michaelis*, kurz Michel genannt. Innehalten und dem Mini-Konzert lauschen. Das ist einmalig in Europa. Doch wer spielt da überhaupt?

← Vom Michel aus ...

← ... ertönen die Trompeten-klänge des Turmtüters

Michel-Türmer oder Turmtüter werden die beiden Trompeter genannt. Jeden Tag spielen sie Choräle auf dem Türmerboden in der siebten Etage. Die erste Strophe richtet sich gen Osten. Im Uhrzeigersinn werden die anderen drei Himmelsrichtungen bespielt. Zwei freiberufliche Musiker teilen sich das Amt, das vor mehr als 300 Jahren während der Reformation eingeführt wurde. Als Zeichen für die Öffnung und Schließung der Stadttore. Seit 1861 gibt es zwar keine Torsperre mehr, der Brauch ist jedoch bis heute lebendig. Du möchtest mehr über den Michel erfahren? Insider-Wissen vermittelt eine kostenlose App in drei Sprachen – Plattdeutsch inklusive.

INSIDER-TIPP
Michel-Know-how op Platt

Besonders romantisch: wenn der Türmer werktags spät abends spielt und du deinen Blick aus 109 m Höhe über das glitzernde Lichtermeer der Stadt schweifen lässt. 360 Grad freie Sicht von der Elbe mit Hafenkränen bis zu den Seglern auf der Außenalster. Heißgetränk in der Hand, Deern oder Lieblings-Macker im Arm, verliebt ankieken. Ziemlich kitschig – ziemlich schön!

4 **Hauptkirche St. Michaelis • Englische Planke 1, 20459 Hamburg • st-michaelis.de • 10 Uhr und 21 Uhr werktags, 12 Uhr sonntags**

Guten Abend!
Hinter den Kulissen von Tagesschau & Co.

→ Susanne Stichler moderiert zahlreiche Sendungen

→ Hautnah bist du dabei, wenn Fernsehen gemacht wird

»Hier ist das Erste Deutsche Fernsehen mit der Tagesschau.« Die tägliche Begrüßung um 20 Uhr wird aus Hamburg-Lokstedt ausgestrahlt. Hier ist das Zuhause vom Norddeutschen Rundfunk. Und hier entstehen spannende Beiträge für Norddeutschland und die ARD. Neugierig, wie so ein Fernsehstudio von innen aussieht? Nach deinem Besuch siehst du Fernsehunterhaltung mit anderen Augen.

Nach vorheriger Anmeldung wirst du kostenlos über das Gelände und durch die Studios geführt. Das »Hamburg Journal« sendet aus Studio 1, »DAS!« (die Sendung mit dem roten Sofa) aus Studio 2 und im Studio 3 wird u. a. die »NDR Talk Show« produziert. Von der Decke hängen Stufenlinsenscheinwerfer und LED-Flächenleuchten. Trackingmarkierungen, Kabel, Kameras – wer bitte blickt hier durch? Was auf dem Fernsehschirm landet, entscheidet die Regie. Ihr Sitz gleicht der Brücke einer Weltraumbehörde. Schalter, Knöpfe, Bildschirme. Der Countdown läuft. Bild, Ton, Schnitt – jetzt kommt's drauf an. In der Nachrichtenzentrale von ARD-aktuell rauchen die Köpfe. Was passiert in der Welt? Schaffen es die News in die Sendung? Das entscheidet das Planungsteam der Redaktion. Für die Umsetzung sind Film- und Tonredaktion zuständig. Redakteure und Redakteurinnen tüfteln an Beiträgen und Sendungen. Umbau im Studio, Moderatoren und Moderatorinnen in die Maske … Gleich geht's los! Ob hier noch jemand Lampenfieber hat?

 NDR Fernsehen • Hugh-Greene-Weg 1, 22529 Hamburg • ndr.de/der_ndr/events/fuehrungen/index.html

Auf dem Strich Zeitreise in der Neustadt

Warum heißt die *Hamburger Neustadt* nicht Altstadt oder Alt-Hamburg? Zwischen Michel, Wallanlagen und rund um den Großneumarkt liegt schließlich der geschichtliche Ursprung Hamburgs. Aber gut, mach dir später Gedanken darüber, begib dich lieber auf Entdeckungstour. Hier im Quartier gibt es auch für alle, die sich in Hamburg heimisch fühlen, viele Überraschungen.

Wo es losgeht? Kannst du dir aussuchen. Die vier Startpunkte befinden sich am Michel, am Neuen Wall, vor der Laeiszhalle und dem Museum für Hamburgische Geschichte. Erkennungszeichen sind rote Aufsteller, die an den Wasserträger Hans Hummel erinnern. Eine grimmige Kultfigur, auf die der Erkennungsgruß unter Hamburger Deerns und Jungs (»Hummel, Hummel«), zurückgeht. Verlaufen ist unmöglich, wenn du dem roten Strich auf dem Boden folgst. 400 Jahre Geschichte in gemütlichen zwei Stunden. Kostenlos und in Eigenregie.

In der Pelikan-Apotheke scheint die Zeit stehen geblieben zu sein. Hinter dem Verkaufstresen zahlreiche Schubladen, Glasbehälter und Teedosen. Die Inneneinrichtung aus dunklem Holz steht unter Denkmalschutz. Ehemalige Synagogen und jüdische Friedhöfe. Spärlich sind die Zeugnisse jüdischen Lebens. Ein Museumsensemble widmet sich berühmten Musikern und Komponisten, darunter Brahms, Telemann, Fanny und Felix Mendelssohn. Einige Treppen führen hinab in den Cotton Club. Schummrig, laut und groovig ist es im ältesten Jazzclub der Stadt – vor allem mittwochs bei den Vocal Sessions. Spätestens im Gängeviertel wirst du ins aktuelle Zeitalter katapultiert. Im sex-positiven, feministischen Laden von Fuck Yeah! sind alle willkommen, die Lust haben und einvernehmlichen Sex respektieren. Alles, nur nicht langweilig und ganz ohne verstaubte Klischees.

← Auf deinem Weg kommst du auch an rekonstruierten Kaufmannshäusern aus dem 17. Jh. vorbei

INSIDER-TIPP
New Talents

6 **Hamburg Neustadt • Startmöglichkeit: U-Bahnhof Gänsemarkt, 20354 Hamburg • hummelbummel.de**

Abflug Luftschiffbauern über die Schulter schauen

→ Weit erstreckt sich das Airbus-Gelände an der Elbe

→ Ganz nah dran erlebst du dort den Zusammenbau der riesigen Flugzeuge

Klar, in Hamburg gibt's Schiffe und den Hafen. Aber wusstest du, dass an der Elbe auch Flugzeuge entstehen? Sei hautnah dabei, wenn am drittgrößten Luftstandort der Welt stattliche Maschinen zusammengebaut werden. Hamburgs größter Arbeitgeber ermöglicht bei einer *Airbus-Werksführung* in Finkenwerder Einblicke in die Montageprozesse.

Treffpunkt ist das Globetrotter-Büro am Osttor der Airbus-Werke. Den Personalausweis vorzeigen. Das Handy ausschalten. Mit dem Shuttlebus geht's über das Gelände. Ein eigener Tunnel, ein Fähranleger für Mitarbeiter und Mitarbeiterinnen, ein Kaianleger für den Transport von Flugzeugteilen zu Standorten in Europa, China und den USA. Von Start- und Landebahn beste Aussichten auf das Nobelviertel Blankenese und den Elbstrand. Das Highlight? Ein Blick in die Endmontage.

An vier Bauplätzen entsteht aus Einzelteilen ein flugfähiger Vogel, z. B. ein A320. Zehn Tage lang dauert es im Schnitt, bis die Profis aus Rumpfteilen, Fahrwerken, Flügeln, Elektrik, Innenausstattung und vielem mehr einen Flieger zusammenschrauben. Danach geht's zum Lackieren. Anschließend wird's ernst: Hebt das Flugzeug ab? Ausgiebige Tests am Boden und Testflüge über der Nordsee überprüfen die Leistungsfähigkeit, bevor die Abnahme des Flugzeugs durch Piloten des Kunden und Airbus erfolgt.

Zweieinhalb Stunden lang geballtes Insiderwissen. Fakten zur Unternehmensgeschichte, Merkmale der Flugzeugfamilien, Zusammenspiel internationaler Standorte sowie Auftragslage. Das bringt Flugzeug- und Technikfans zum Schwärmen und alle anderen zum Staunen.

7 **Airbus-Werksführung • Kreetslag 10, 21129 Hamburg • werksfuehrung.de**

Weltreise im Dunkeln
Nachts ins Miniatur Wunderland

Auf der beleuchteten Startbahn hebt ein Flieger in den Nachthimmel ab. In Las Vegas blinken Casinos in Regenbogenfarben. Rotglühende Lava scheint aus dem Vesuv hinab ins Tal zu fließen. Das *Miniatur Wunderland* ist seit zwei Jahrzehnten in der Speicherstadt zuhause und Besuchermagnet. Tagsüber drängen sich Familien, Eisenbahnfans und Touristen um den besten Platz an den Attraktionen. Proppenvoll! Lieber ohne Gedränge, im kleinen Kreis mit anderen Gästen und in entspannter Atmosphäre um die Welt jetten?

Ein- bis zweimal im Monat kannst du nach den regulären Öffnungszeiten Monaco und die Provence, Skandinavien oder Knuffingen erkunden. Der Zahnradbahn beim Schweben durchs Alpenpanorama zuschauen. Dem Schienenverlauf durch die zerklüfteten Rocky Mountains folgen. Die Dauerausstellung wächst stetig, neun Bauabschnitte sind es bereits. Hamburg ist natürlich auch dabei!

Im Volksparkstadion findet gerade das niemals endende Lokal-Derby zwischen HSV und FC St. Pauli statt. Auf den Tribünen sitzen 12 000 Figuren. Auf Knopfdruck – Anpfiff! Auf dem Kiez sorgen Beamte der Davidwache, Deutschlands bekanntester Polizeiwache, für Ordnung. Was ist denn wieder in der Herbertstraße los? Auf einen Drink oder eine durchzechte Nacht? Die Reeperbahn, Hamburgs Amüsiermeile, leuchtet rot. Hinter den Fenstergardinen geht es heiß her. Sanfte Klänge tönen aus der Elbphilharmonie. Zum Finale öffnet sich das Gebäude und zeigt die Innenansicht des Konzertsaals. So viel Liebe zum Detail – lass dir das nicht entgehen!

← Auch abends starten die Mini-Flugzeuge in die Luft

← Da weiß man gar nicht, wohin man zuerst schauen soll – so detailreich ist das Wunderland aufgebaut

 Miniatur Wunderland Hamburg • Kehrwieder 2, 20457 Hamburg • miniatur-wunderland.de

Hamburger werden

Beim Comedy-Crash-kurs auf dem Schiff

365 Tage Schietwetter. Friesennerz und Gummistiefel gehören zur Garderobe. Zum Mittagessen gibt's Fisch, zum Feiern geht's auf die sündigste Meile der Welt. Und am Wochenende ab nach Sylt – natürlich im Porsche. Vorurteile, Gerüchte und Klischees um die Hansestadt halten sich hartnäckig. Was ist dran?

Quiddje oder Hamburger? Gebürtiger oder geborener? Keine Sorge, du bist weder beim Einbürgerungstest, noch musst du eine Geburtsurkunde oder einen Familienstammbaum vorzeigen. Gangway hinauf, Ticket vorzeigen und zum Lachen in den Keller. Pardon – unter Deck klettern. Im *Theaterschiff Hamburg*

↓ »Die Schule«: das Theaterschiff Hamburg

↓ Kleiner Raum, großes Theater

bleibt während 90 Minuten kein Auge trocken. Der Comedy-Crashkurs mit Autor und Kabarettist Lutz von Rosenberg Lipinsky und Claudiu Mark Draghici findet auf dem Theaterschiff am Nikolaifleet statt. Die hochseetüchtige Bühne liegt zwischen Speicherstadt, Elbphilharmonie und Hafen-City. Maximale Distanz zur Bühne: 7 m. Minimale Deckenhöhe: 1,60 m. Oha, ob die Festverwurzelten so viel Nähe vertragen? Das Programm mit vielen Informationen rund um Alster und Elbe richtet sich an alle, die Lust haben, die Stadt humorvoll kennenzulernen. Für Anfänger und Fortgeschrittene – mit Blick auf den Speckgürtel. Ob das gut geht?

Am Ende ist klar: Flotte Sprüche haben die zurückhaltenden Hanseaten immer auf Lager. Es wird eben nur nicht viel Wind drum gemacht.

9 **Theaterschiff Hamburg • Nikolaifleet / Holzbrücke 2, 20459 Hamburg • theaterschiff.de**

Ahoi Kapitän Hafenrundfahrt mit Tagesticket

An den Landungsbrücken raus und ab auf hohe See! Irgendwann hat sie jeder einmal gemacht: eine Hafenrundfahrt mit Barkasse oder Schaufelraddampfer, am Tag oder in der Abenddämmerung. Du kannst aber auch dein HVV-Tagesticket nutzen und den lieben langen Tag mit der Fähre die Elbe rauf und runter schippern. Eine *Hafenrundfahrt mit dem ÖPNV*, ganz ohne Entertainment-Gesabbel. Nimm Platz auf dem Oberdeck und bestaune den mit Abstand schönsten Hafen der Welt. Die Hadag-Linie 62 ist die beliebteste Route und verkehrt ab Brücke 3 zwischen Landungsbrücken und Finkenwerder. Elbaufwärts an Sehenswürdigkeiten wie Fischmarkt, Cruise Center Altona, Dockland und dem Museumshafen Övelgönne vorbei. In Finkenwerder dreht die Fähre und es geht zurück zu den Landungsbrücken. Du bleibst entweder sitzen oder steigst hier in Finkenwerder um. Noch eine Currywurst bei Imbiss Engels oder einen Abstecher ins Freibad? Dann weiter mit der Linie 64. Übersetzen zum nächsten Stopp: Teufelsbrück. Mal gucken, was an der Elbchaussee so los ist.

Dicke Pötte, Hafenpolizei, Schlepper und Motorboote. Blauer Himmel, Sonnenschein. Gibt es einen schöneren Platz zum Sonnenbaden? Zurück an den Landungsbrücken, Umstieg an Brücke 1 in die Linie 72. An der Arningstraße gibt's noch eine Portion Industriecharme. Ohne Schnickschnack und Inszenierung. Und dann an der Elphi raus, Hafen-City erkunden. Die Landprogramme bei dieser Kreuzfahrt sind übrigens kostenfrei. Ebenso die Fahrradmitnahme.

← **Bei der Rundfahrt zum kleinen Preis bekommt man einen Einblick in die betriebsame Hafen-Logistik**

10 **Hafenrundfahrt mit dem ÖPNV • Brücke 1 bis 6, St. Pauli Landungsbrücken, 20459 Hamburg • hadag.de**

Aus aller Welt
Auf einen Plausch
im Seemannsclub

→ Bunte Wundertüte: der Seemannsclub Duckdalben

Sieben Tage die Woche, mehrere Monate auf hoher See, tausende Kilometer fern der Heimat. Das Schiffsleben ist alles andere als romantisch, sondern vielmehr knallharte Arbeit. Während Güter und Waren am Kai gelöscht werden, bleibt der Crew nur wenig Zeit an Land. Mitten im Hamburger Hafen, zwischen Köhlbrandbrücke, A7 und Gütergleisen, liegt ein besonderer Ort. Hier sind auch Landratten herzlich willkommen.

Im Seemannsclub *Duckdalben* tanken Seeleute auf. Billard spielen, musizieren, in einer der bunten Kabinen nach Hause telefonieren. Geld wechseln, Schokolade kaufen, ein Bier zischen und auf dem Kleinfeldplatz ein paar Körbe werfen. Sofern es die Zeit erlaubt. Manchmal muss es aber auch ganz schnell gehen. Das Wohl der Seeleute hat Vorrang. Das betont Anke Wibel, Leiterin und Diakonin.

Im Andachtsraum im Obergeschoss finden alle Weltreligionen Platz. Gleichberechtigt nebeneinander. Die Nischen schmücken Gebetsschriften, Klangschalen und Heiligenbilder. Mitgebracht und dekoriert haben sie die Seeleute.

Von der Decke hängen unterschriebene Rettungsringe. In Vitrinen stehen Schiffsmodelle. Festgewänder und geheimnisvolle Masken zieren Wände. Geschenke der Schiffscrews, als Dankeschön für Seelsorge, Freizeitmöglichkeiten, Abhol- und Bringdienste. Vom Verkaufstresen bis zu den Aufenthaltsräumen – der gesamte Seemannsclub ist eine Schatztruhe. Einige Schätze sind mit grünen Anhängern und Glitzersteinen markiert. Darauf steht, was es mit dem Mitbringsel auf sich hat.

INSIDER-TIPP
Auf Schatzsuche

11 **Duckdalben • Zellmannstr. 16, 21129 Hamburg • duckdalben.de (Besuchergruppen nur nach vorheriger Anmeldung)**

Schopenhauerweg
Kraftpaketen bei der Arbeit zuschauen

Sommer in Hamburg. Laues Lüftchen. T-Shirt-Wetter. Zeit für den vielleicht schönsten Spaziergang der Stadt. Am Altonaer Balkon geht's los. Kräne, Elbe, Köhlbrandbrücke – noch steht sie. Auf geschlängelten Wegen am kleinen Altonaer Balkon vorbei, von der Rainvilleterrasse auf den Schopenhauerweg. Dem folgst du jetzt einfach, wenn du magst, bis nach Övelgönne. Es geht durch den Heine-Park und Donnerspark. Hundeschau und Gassirunde auf der Spielwiese für Vierbeiner. Huch, plötzlich geht es bergauf. Aber nur ein kurzes Stück und die Mini-Erklimmung im ansonsten platten Land lohnt sich allemal. Oben angekommen stehen ein paar Bänke, die Sonne scheint volle Lotte drauf. Hinsetzen, bisschen bräunen und dann mal vom *Aussichtspunkt auf dem Schopenhauerweg* hinab zur Elbe blicken. Während du hier oben quasi Urlaub machst, sind da unten gerade Schlepper im Einsatz.

Das sieht ja fast nach einem »David gegen Goliath«-Moment aus. Doch das hier ist Teamarbeit. Vorne einer, hinten einer. Die wendigen und PS-starken Assistenzboote unterstützen ein- und auslaufende Schiffe beim Manövrieren im Hafen. Bis zu 80 t Zug- und Schubkraft leisten Schlepper. Ziehen und schieben, bis der Pott da ist, wo er hinsoll. Rückwärts seitwärts einparken? Ein Klacks, nachdem du gesehen hast, was hier auf der Elbe ganz geschmeidig angedockt wird.

Am Hafengeburtstag haben die kleinen Kraftpakete übrigens ihren großen Auftritt. Dann schmeißen sie sich in Schale, drehen beim weltweit einzigartigen Schlepperballett ihre Pirouetten, schunkeln an die Hafenkante und baden in den Wasserfontänen der Feuerwehr.

← **Da braucht's kein Netflix & Co.: Die Kleinen – mit den Großen im Schlepptau – sorgen für Unterhaltung**

12 **Aussichtspunkt auf dem Schopenhauerweg, zwischen Elbchaussee und Neumühlen • 22763 Hamburg**

Kuriose Kneipe
Im Museum für Hamburgische Geschichte

Der Geruch von Tabak, Jamaica-Rum und abgestandenem Bier hängt in der Luft. Saufgelage, Prügeleien, käufliche Liebe auf dem Bordstein? Verqualmt, verrucht, urig – Hafenkneipen sind ein Stück Hamburg. Allerhand Geschichten ranken sich um die berüchtigten Wohnzimmer von Seeleuten und Hafenarbeitern. Es gibt nur noch wenige Originale, die dem Modernisierungswahn trotzen. Etwa die Haifischbar *(haifischbar.hamburg)* oder Zum Schellfischposten *(schellfischposten.de)* am Fischmarkt.

INSIDER-TIPP
Kneipen-Originale

Dank einer Rekonstruktion im 1. Obergeschoss des *Museums für Hamburgische Geschichte* lässt sich erahnen, wie eine typische Hafen- und Seemannskneipe um 1900 aussah. Als der Hafen treibender Wirtschaftsmotor war, die Stadt rasant wuchs und Seemannskneipen als Entspannungsorte, Arbeitsvermittlung, Sozialstation und Nachrichtenbörse zugleich dienten.

Bierkrüge und Schnapsgläser stehen auf den Holztischen. Eine lange Toonbank, der Tresen, ist das Herzstück der Kneipe. An den Wänden hängen gerahmte Ölbilder. Stürmische See, Windjammer bei Wellengang und bärtige Matrosen. Gallionsfigur, präparierte Kugelfische, Reptilien, geschnitzte Masken, Schiffsmodelle und Korallenblüten. Kuriositäten aus der ganzen Welt, die der Wirt als Zeche akzeptierte. Denk dir eine Anekdote zur Herkunft deines Mitbringsels aus. Übertriebene Abenteuergeschichten vom Nil bis Callao. Mit Seeungeheuern, Wassermännern und Nixen in der Hauptrolle – schon hast du dein erstes Seemannsgarn gesponnen. Weiter geht's durch die übrigen Jahrhunderte Stadtgeschichte. Klaus Störtebekers Schädel soll hier irgendwo sein. Und eine piekfeine Kaufmannsdiele mit Kontor. Was für ein Kontrast zur Hafenkneipe!

→ **Man könnte fast meinen, gleich kommt ein Matrose in die (nachgebaute) Hafenkneipe reinspaziert**

 13 **Museum für Hamburgische Geschichte • Holstenwall 24, 20355 Hamburg • shmh.de**

Nur mit dem 151er
Per Bus über Hamburgs Wahrzeichen

Hamburg ohne Köhlbrandbrücke? Unvorstellbar! Kein anderes Wahrzeichen der Stadt steht so sehr für den echten Hafen. Na gut, die Kulisse an den Landungsbrücken ist auch schön. Aber so richtig spürt man nur bei einer Fahrt über die Stahlseilbrücke, was für ein Treiben im Hafen herrscht. Und außerdem: Wann lag dir der Hafen schon mal zu Füßen? Siehste! Lass dich mit der *Buslinie 151* über die »Golden Gate Bridge« chauffieren. Schon ab zwei Fahrten pro Tag lohnt sich die 9-Uhr-Tageskarte, zu zweit rechnet sich oft schon die 9-Uhr-Gruppenkarte. In der »Hamburg Card« sind Fahrten mit dem HVV inklusive.

Los geht's am S-Bahnhof Wilhelmsburg. Schnapp dir einen Fensterplatz auf der rechten Seite. Nach 20 Minuten erreicht die einzige Buslinie Hamburgs, die über die Köhlbrandbrücke fährt, die Brückenauffahrt. Die Elbphilharmonie im Miniaturformat. Orange leuchtender Sonnenball am strahlend blauen Himmel. Ringsum Schiffscontainer, gestapelt am Boden, aufgebockt auf Lastern. Manche stehen auf der Autobahn im Stau vor dem Neuen Elbtunnel. Die anderen geben Gas und heizen in entgegengesetzter Richtung über die rund 3,6 km lange Brücke. Unten fließt der Köhlbrand, ein Seitenarm der Elbe. Die rot-blauen Kräne rund um den Waltershofer Hafen rücken immer näher. Boah, sind die riesig! Kurzes Innehalten auf dem höchsten Punkt der Brücke – was für ein Blick auf den Hafen und die Stadt.

Doch wie lange noch? Das Wahrzeichen ist in die Jahre gekommen, die Durchfahrtshöhe für Container-Riesen zu niedrig. Zuerst sollte eine neue Brücke her, nun kommt wohl ein Tunnel. Der Senat plant den Abriss, die Bürgerschaft ist irritiert, im Rathaus wird debattiert. Mal sehen, was nach 2034 kommt.

INSIDER-TIPP
Hamburg all inclusive

← **Über die Köhlbrandbrücke musst du drüber! So erlebst du Hamburg aus einer anderen Perspektive**

 Buslinie 151 • S-Bahnhof Wilhelmsburg, Umstieg am Waltershof möglich, dann weiter ins Alte Land oder nach Altona • hvv.de

Hat da jemand »Essen« gesagt? Na klar! Aber nur das leckerste und nur in der schönsten Umgebung. Geh auf Foodietour! Wo es die besten Franzbrötchen gibt, Wein zu Wan Tans und Sterneküche nach Farben. Und danach ein Gläschen Seemanns-Gin?

Die Leckerbissen

Verführerisches von süß bis deftig

Zum Auftakt Pann-fisch und Labskaus vor der Show

→ Zuerst kulinarische Genüsse wie hier mit Pannfisch im Störtebeker Restaurant, dann musikalische

Gestärkt in den weltschönsten Konzertsaal oder zum Lachmuskeltraining auf die Reeperbahn: Elbphilharmonie und Schmidt Theater punkten mit Inhouse-Restaurants. Auf der Speisekarte? Klassiker – pfiffig aufgepeppt. Was für eine Ouvertüre!

Bevor Streichquartett und Piano für dich spielen, statte dem *Störtebeker Restaurant* im alten Kaispeicher einen Besuch ab. Das »Beer & Dine« befindet sich in der fünften Etage des Backsteinbaus, also im unteren Teil der Elbphilharmonie. Lederbänke, Betonelemente, naturbelassenes Holz. Industrieflair zum Wohlfühlen. Elbe und Hafen liegen dir zu Füßen. Auf dem Teller: Hamburger Pannfisch. Beste Fischstücke mit Senf-*beurre-blanc* (Buttersauce), Wurzelgemüse und Kräuterkartoffeln. Modern, frisch, einfallsreich – keine Spur von Arme-Leute-Essen.

Im ersten Stock des Schmidt Theaters trumpft das *Reep* mit 50er-Jahre-Interieur, Hamburg Klassikern und feiner Hausmannskost aus dem Norden auf. Regional und saisonal sind Musts. Birnen, Bohnen und Speck. Aalsuppe. Labskaus – ein typisches Seemannsgericht aus Kartoffeln und gepökeltem Rindfleisch, dazu Rote Beete, Spiegelei, eingelegter Hering und Gewürzgurke. Kann man mögen oder einfach lieben. Alle Gerichte gibt's vegetarisch und vegan. Zum Dessert gönnst du dir noch ein Franzbrötcheneis mit Rumtopf. Die perfekte Grundlage für eine lange Nacht. Auf zur Show!

INSIDER-TIPP
Labskaus vegan

1 **Störtebeker Elbphilharmonie • Platz der Deutschen Einheit 3, 20457 Hamburg • stoertebeker-eph.com**

2 **Reep Restaurant im Schmidt Theater • Spielbudenplatz 24–25, 20359 Hamburg • reep.de**

Zum Dahinschmelzen
Eis mit Lakritz, Franzbrötchen & Obst

Schlange stehen lohnt sich manchmal. Z. B. am Wochenende beim *Wilhelmsburger Eisdealer* Dieter Kalvelage. Vor Ort werden die ausgefallenen Eiskreationen nach eigenen Rezepten hergestellt. In der Creme landen schon mal Macarons, Baklava oder Kuchenstreusel. Passt prima zusammen: Pistazie und Lakritz.

Bei *Delzepich Eis* in Winterhude kannst du beim Eismachen zuschauen. Täglich zaubern Milana Hupe und Jasmin Friedt mehrere Sorten, doch immer andere. Frische Vollmilch vom Bauernhof plus natürliche Zutaten. Keine Aromen, Farbstoffe oder Stabilisatoren für das Basis-Eis. Und erst recht keine Lagerung über Nacht. Was weg ist, ist weg. Die Renner? Franzbrötchen, Milchreis, Himbeer-Baiser. Die Sorten werden hier auf die Waffel gespachtelt, nicht gekugelt. Bänke und Stühle vor dem Laden laden zum Boxenstopp ein. Eine Kugel ist nicht genug? Es gibt auch 500 ml oder 900 ml Isoboxen zum Mitnehmen.

Auch *Frau Meis Eisladen* in Ottensen verzichtet auf künstliche Aromen. In die veganen Sorbets kommt regionales Obst. Erdbeeren, Himbeeren, Heidelbeeren. Sobald im Alten Land auf der anderen Seite der Elbe Erntezeit ist, schnappt sich Franziska Meis sonnenverwöhnte Früchtchen vom Wochenmarkt und verfrachtet sie in ihr Lastenrad. Entscheiden fällt schwer? In der Eisladentüte landen bis zu drei Sorten. Obenauf frische Sahne und selbstgemachte Sauce. Wann ist endlich wieder Sommer?

← Mit dem Lastenrad werden die frischen Zutaten für das Eis von Frau Meis rangeschafft

← Natürlich, bunt bestreut und vor allem lecker: Delzepich Eis

INSIDER-TIPP
Eis oohne Enne!

3 Wilhelmsburger Eisdealer • Weimarer Str. 85, 21107 Hamburg • Facebook: wilhelmsburger.eisdealer

4 Delzepich Eis • Winterhuder Weg 67, 22085 Hamburg • delzepicheis.de

5 Frau Meis Eisladen • Fischers Allee 39, 22763 Hamburg • fraumeis.de

Frisch aufgebrüht
Kaffee verkosten in der Speicherstadt

→ Zusehen und lernen! Und dann genießen: den grandiosen Kaffee bei Kaffeebrewda

1677 öffnete das erste Kaffeehaus an der Elbe. Ab 1871 verkehrten regelmäßig Dampfer zwischen Hamburg und Südamerika. An Bord – säckeweise Kaffeebohnen. Die erste Kaffeebörse entstand. Hamburg stieg zum drittwichtigsten Handelsplatz für Rohkaffee auf. Heute ist Kaffee das beliebteste Getränk in Deutschland. Wie schaffte die rote Kirsche das? Rund um das UNESCO-Weltkulturerbe Speicherstadt kannst du in die Historie eintauchen und bei kreativen Röstereien in die Schule gehen.

Kaffeebrewda verrät dir, wie Kaffee schmecken muss. Anbau, Ernte, Transport. Rösten, Mahlen, Aufgießen. Bis aus der fruchtigen Kirsche eine heiße Flüssigkeit wird, in der sich das volle Aroma der Bohne ausbreitet, kann viel schiefgehen. Leidenschaftlich teilt Erik Brockholz, prämierter Kaffeeröster, seine Begeisterung für das Schwarze Gold. Magst du deinen Kaffee lieber fruchtig, schokoladig oder nussig? Schlürf dich durch die Tassen und finde deinen Lieblingskaffee. Übrigens: Alle Kaffeebohnen werden handverlesen und in einem traditionellen Trommelröster geröstet.

Auch Annette Simbolon verlor Herz und Gaumen an den Kaffee. Ihr Lernort, die *Kaffeestube*, liegt in der Altstadt mit Blick auf die Speicherstadt. Ihr Anliegen? Kaffeeproduzenten ein Gesicht zu geben, das Handwerk zu feiern und Bohnen mit ihren etwa 1000 Aromen als Raritäten zu betrachten. Bei Schmuddelwetter wärmen Filterkaffee, den die Sommelière schonend zubereitet, und frische Waffeln.

Dann mal ran an die Löffel. Ab zur Blindverkostung. Na, was schmeckst du?

6 **Kaffeebrewda • Auf dem Sande 1, 20457 Hamburg • kaffeebrewda.com**

7 **Kaffeestube • Bei den Mühren 65, 20457 Hamburg • kaffeeverkostung.hamburg**

Orient trifft Alster
Syrische Vorspeisen unter Arkaden

Weiße Rundbögen ziehen sich am Alsterfleet entlang. Zwischen den hellen Pfeilern zeigen sich das imposante Rathaus und sein Vorplatz. In der Sonne glitzert die Wasseroberfläche der kleinen Alster. Alsterschwäne schwimmen ihre Runden. Perfektes Postkartenmotiv – typisch Hamburg. Rosentee, Mokka mit Kardamom, Mazza (syrische Vorspeisen in verschiedenen Varianten). Feinste syrische Küche mitten in der Innenstadt. Auch das ist Hamburg. Salam im *Saliba!*

Das Restaurant an der Binnenalster gehört Elias Hanna Saliba. Einst Seefahrer, heute Top-Gastronom und Buch-Autor – und seit über 50 Jahren in Hamburg zuhause. Mit einer Karawane aus Köstlichkeiten, farbenfrohen Vorspeisen orientalischer Art, eroberte Saliba die Gaumen zwischen Alster und Elbe und jenen der Koch-Legende Paul Bocuse. Der stellte nach einem Besuch in Hamburg fest: »Wir können von diesen exotischen Köchen noch einiges lernen. Dem Farbenspiel der Mazza mit all den Vorspeisen, die wie ein Mosaik den Tisch bedecken, haben wir in der europäischen Küche nichts entgegenzusetzen.«

Nimm Platz auf einer geschichtsträchtigen Flaniermeile, freu dich auf einen bunt gedeckten Tisch und eine kulinarische Reise nach Vorderasien. Zum Löffeln und Dippen gibt es Hummus, Falafel, Tabouleh, Nakanek und Ziegenquark. Nach dem Auftakt ist der Trip noch nicht zu Ende. Auberginen-Zimt-Pimentreis oder lieber hausgemachte Lammwürstchen mit Pinienkernen? Zum Abschluss gehört die »Süße Sünde«. Woraus die besteht? Finde es heraus!

← Auch was fürs Auge: eine der zahlreichen Vorspeisen-Variationen im Saliba, darunter Falafel

 Saliba • Neuer Wall 13, 20354 Hamburg • saliba.de

Heimat auf dem Teller
Regionales Essen auf Sterne-Niveau

↓ **Beigegelb? Grünbraun? Welchen Namen würdest du dem Heimatjuwel-Gericht geben?**

↓ **Der kreative Kopf und Koch dahinter: Marcel Görke**

Dunkle Wände, Tische, Bistrostühle, edle Weingläser und Stoffservietten. Heimelig, fast schon intim, ist die Atmosphäre im *Heimatjuwel*. Marcel Görke zaubert mit seinem Team feinste Kreationen aus dem, was die Jahreszeit so parat hält und lokale Produzenten liefern können.

Zum Laugenbrot gesellt sich Sauerkleebutter. Sellerie-Wirsing-Ravioli werden mit Steinpilzen und Gemüsejus angerichtet. Das Zicklein wird mit Getreide-Falafel und Kürbis serviert. Zum Nachtisch lieber Zwetschgen oder Stachelbeeren? Fast egal! Jede Kreation beschert Genuss bis zum letzten Happen. Da würde man am liebsten nach einem Nachschlag fragen – so lecker schmeckt's!

Auch das Auge freut sich über solch bunte Teller. Nicht umsonst sind die Gerichte nach Farbkompositionen benannt: Rotorange, Weissblau, Graugelb.

Zwischen den Gängen kannst du dich fragen, was Heimat bedeutet. Wo beginnt sie und wo hört sie auf? Eine Kilometerangabe muss es nicht sein, findet das Heimatjuwel. Lieber sollen die Zutaten, dort wo sie sich am wohlsten fühlen, mit viel Liebe bei verantwortungsvollen und kleinen Produzenten heranwachsen. Regionaler und grüner darf es zukünftig aber werden. Denn immer mehr Menschen konsumieren tierische Produkte bewusster oder verzichten ganz darauf. Und darum gibt's auch ein vegetarisches Überraschungsmenü mit modernen Gemüsekreationen. Regional, saisonal und Bio-Qualität. Lust auf Lauch und wilden Brokkoli? Dann ab ins Heimatjuwel!

9 Heimatjuwel • Stellinger Weg 47, 20255 Hamburg • heimatjuwel.de

Mit exklusivem Aus-blick Hanseatische Tea Time

Windböen, Platzregen, kalte Tage. Jetzt eine wärmende Tasse Tee, dazu süße und herzhafte Leckerbissen. Lust auf Assam, Sencha oder Oolong? Keine Frage, die Briten beherrschen den Afternoon Tea. Extra auf die Insel reisen musst du nicht. Im Fünf-Sterne-Hotel *The Fontenay* wird das Teetrinken modern-hanseatisch zelebriert. Steife Etikette? Fehlanzeige! »Come as you are« lautet das Motto. Vom Steinway-Flügel erklingen Pianotöne, umspielen den Kronleuchter und bezaubern Gäste aus Hamburg und der Welt. Im Atrium fühlt sich jeder auf Anhieb wohl. Allein, zu zweit, mit Freunden, Familie oder Geschäftspartnern. Ankommen, wohlfühlen und genießen. Das fällt im runden und 27 m hohen Atrium leicht. Von den lauschigen Sesseln hast du freie Sicht auf die Außenalster. Terrazzoboden, Marmortische, hauch-dünnes Porzellan. Luxus auf den zweiten Blick. Understatement statt Opulenz. Ganz so, wie man es in Hamburg mag und lebt.

Marco D'Andrea, mehrfacher Pâtissier des Jahres, und sein Team sorgen für kulinarische Gaumenfreuden. Klar, die Klassiker dürfen nicht fehlen: Gurkensandwich, Scones und Clotted Cream. Zitrusfrucht-Marmelade, die so lecker schmeckt, dass man sie zuhause haben möchte. Die saisonalen Mini-Kunstwerke sind die eigentlichen Stars: Hamburger Schwarzbrot mit abgehobeltem Tête de Moine. Eine Eclipse erinnert mit Mandel, Marzipan und Krokant an Lübecker Nusstorte. Und Piemonter Haselnuss, Ton-kabohne und Altländer Birne finden zu einer Tarte zusammen. Champagner oder Gin Tonic dazu? Alles kann – nichts muss. So ist Hamburg!

← Marco D'Andrea kre-iert die passen-den Leckereien zum Tee

 The Fontenay • Fontenay 10, 20354 Hamburg • thefontenay.com (mit Reservierung)

Mit Tradition Bummel auf Hamburgs ältestem Wochenmarkt

→ Buntes Markttreiben herrscht auf dem Bauernmarkt

Schnittblumen aus Vierlanden, Knubberkirschen aus dem Alten Land, norddeutsche Käsespezialitäten. An sechs Tagen in der Woche kannst du in Harburg auf dem Sand bummeln, Wocheneinkäufe erledigen und das muntere Treiben beobachten. 1612 ins Leben gerufen, ist der Bauernmarkt heute der älteste in der Hansestadt. Ziemlich beständig und einzigartig für die heutige Zeit, findest du nicht?

Bring Einkaufskörbe, Jutebeutel oder deinen Hackenporsche mit. Je nach Wochentag stehen bis zu 48 Marktstände unter freiem Himmel. Manche der Händler und Händlerinnen hier feilschen schon seit Jahrzehnten um die Preise von Eiern, Knollengemüse, orientalischen Gewürzen und Backwaren.

INSIDER-TIPP
Echte Handarbeit

In der Matjessaison filetiert Anuschka gekonnt frischen Fisch aus Holland in zwei zarte Filets. Direkt aus der Matjeskarre, vor den Augen von Feinschmeckern und Feinschmeckerinnen, die den fetten Fisch voller Omega-3-Fettsäuren so sehr lieben. Was dazu passt? Hausgemachte Apfel-Zwiebel-Sauce nach alter Rezeptur natürlich. Zur Weihnachtszeit gesellen sich zum Shrimpssalat auch mal Rum, Rosinen, Mandarinen und Lebkuchengewürz. Echt pfiffig!

Alle Einkäufe auf dem *Harburger Wochenmarkt* erledigt? Jetzt einen Kaffee vom Stand der Kaffeerösterei Horn, die die Kaffeebohnen schonend röstet. Jede Bohne ist außerdem handverlesen. Bist du eher Team Buchholzer Mischung, Italienischer Teufel oder Weltveränderer? Letzterer ist ein Bio-Kaffee aus Mexiko und erreicht Hamburg auf einem Segelschiff.

11 **Harburger Wochenmarkt • Sand 37, 21073 Hamburg • Mo–Sa 8–13.30 Uhr; Mi 15–18 Uhr auf dem Rathausplatz**

Im Obstgarten
Kaffeefahrt aufs Land

Ab aufs Rad mit dir! Zum Kuchen essen und Kaffee trinken geht es vor die Tore der Stadt. An der frischen Luft, umringt von Obstbäumen, schmecken frisch gebackene Torten und Blechkuchen mit Extra-Sahne einfach doppelt gut!

Die Vier- und Marschlande im Südosten zählen zu Hamburgs Hausgarten. Viel Wasser, guter Boden und vielleicht etwas mehr Sonne als im Rest der Stadt? Hier liegt der Bio-Bauernhof von Familie Eggers. Die Gebäude stammen teilweise aus dem 17. Jh. Sie sind reetgedeckt, mit rotbraunem Klinker verputzt und haben weiß lackierte Holzbalken. Fleißige Lieschen, orangefarbene Dahlien und knallrote Tomaten stehen vor dem Hofladen zum Verkauf. In der Warteschlange zähmen Eltern ihre hungrigen Kids. Oma und Opa halten derweil Ausschau nach der Auslage. Rhabarber-Baiser oder Streuselkuchen? Die Kleinen wollen Bratwurst. Das Fleisch stammt von den Hoftieren. Kühe, Schweine, Gänse, Schafe und Hühner bekommen weitestgehend, was auf den Feldern wächst. Idylle pur auf *Hof Eggers in der Ohe*.

Von Blankenese mit der Fähre nach Cranz übersetzen. Apfelbäume zählen und nach dem Altländer Tor Ausschau halten. Die prunkvolle Pforte von 1683 befindet sich in Neuenfelde. Weintrauben symbolisieren Fruchtbarkeit, Löwenköpfe schützen Anwohner und Ernten. Dahinter liegt das Fachwerkhaus mit Café der Familie PuurtenQuast. Selbstgebackene Obstkuchen und Sahnetorten. Apfelsaft, Liköre und Marmeladen. Hier wird alles verarbeitet, was am Elbstrom wächst. <mark>Besonders romantisch ist's im *Café Obsthof PuurtenQuast* natürlich zur Apfelblüte.</mark>

← Die Gänse begrüßen dich schnatternd auf Hof Eggers …

← … bei einem Stück Kuchen kannst du herrlich die Seele baumeln lassen

INSIDER-TIPP
Wenn's grünt und blüht

12 **Hof Eggers in der Ohe • Kirchwerder Mühlendamm 5, 21037 Hamburg • hof-eggers.de**

13 **Café Obsthof PuurtenQuast • Nincoper Str. 45, 21129 Hamburg • puurtenquast.de**

Patrioten-Honig
Fleißige Bienen auf dem Dach

→ Über den Dächern der Stadt sind die Bienen (und der Imker) fleißig

Wo gibt's eine Rooftop-Imkerei mit bester Sicht auf das Wahrzeichen der Stadt? Auf dem Dach der *Patriotischen Gesellschaft von 1765*. Nicht, dass hier Missverständnisse aufkommen. Wer nicht weiß, was es mit der Anlaufstelle für alle Bürger und Bürgerinnen der Stadt auf sich hat, vermutet eine nationalkonservative Clique. Weit gefehlt: Ziel sei, »die Gleichheit der Menschen, Bürgerrechte und Gemeinwohl« zu stärken, so heißt es auf der Website. 24 Jahre vor der Französischen Revolution schlossen sich engagierte Hanseaten aus allen Berufsgruppen und Schichten zusammen. Ein Novum, und damit die älteste zivilgesellschaftliche Organisation im deutschen Sprachraum. Hier, wo bis zum Großen Brand 1842 das Alte Rathaus stand, tagte einst die Bürgerschaft. Ob patriotisch noch zeitgemäß ist und was der Begriff bedeutet, ist eine andere Frage. Zurück zum Honig: Zwei aktive Bienenvölker surren auf dem Dach des Hauses. Imker Georg Petrausch erntet Ende Juli die »Sommertracht«. Die schmeckt aromatisch-herb nach Lindenbäumen. Je nach Jahr auch mal nach Rosen, Erdbeeren, Lavendel und wildem Wein. Im Frühjahr schmeckt der Honig fruchtig-frisch. Dann blühen Kirsche, wilder Apfel, Pflaume, Ahorn und Rosskastanie. Die Bienen sammeln übrigens in bester Lage: zwischen Alsterufer, Planten un Blomen und dem Villenviertel in Harvestehude.

Tür auf, mit dem Aufzug in den zweiten Stock, klingeln. Ergattere dir ein Stück Hamburg im Glas! Den cremigen Patrioten-Honig mit Bienenstock-Logo kannst du während der Öffnungszeiten (Mo–Do 9–17 Uhr, Fr 9–15 Uhr) in der Geschäftsstelle an der Trostbrücke 4 kaufen.

 Patriotische Gesellschaft von 1765 • Trostbrücke 4–6, 20457 Hamburg • patriotische-gesellschaft.de

Lecker Fisch Hip und kultig abseits der Hotspots

Fisch gehört zu Hamburg. Ob in der Hansestadt allerdings häufiger zu Bismarckhering, Matjes oder Rollmops gegriffen wird als im Rest des Landes? Rund um Landungsbrücken und Fischmarkt tummeln sich die Fischbrötchenbuden. Die Warteschlangen sind lang. Gierige Möwen visieren ahnungslose Touristen an und planen den nächsten Sturzflug. Beute schnappen und tschüss!

Wenn du lieber in cooler Atmosphäre speisen magst, dann ab ins *Underdocks*. Die Fischbude liegt zwischen dem U-Bahnhof Feldstraße und dem Grünen Jäger auf St. Pauli. Hier gibt's urbanes Interieur mit Schiffscontainerelementen, schummriger Beleuchtung und einem bärtigen Seemann an der Wand. Auf dem Tablett landen Tacos mit confiertem Lachs, Black Tiger Garnelen oder in Butter geschwenktes Hummerfleisch. Dazu Avocado, Ananas und Maracuja-Sauce. Die Fischbrötchen heißen hier Fish Roll. Die Füllung bleibt mittig in der Teigrolle liegen. Mit einem gekonnten Biss landen alle Komponenten der Kreation in deinem Mund. Boah, schmeckt das gut!

Ab auf die Veddel, wenn du es gern urig magst. Zwischen Elbbrücke und Bahngleisen hält sich seit mehr als 85 Jahren die *Veddeler Fischgaststätte*, momentan bangt sie allerdings um ihren Standort. Frische Fischfilets und Pommes brutzeln. Remoulade, Kartoffel- und Gurkensalat landen auf Tellern. Wer will, bekommt Bratheringe, Fischfrikadellen oder gebackene Schollen. Die Portionen sind üppig. Am besten kommst du mit einer Extraportion Hunger.

← Urban, cool, jung: das Underdocks, ...

← ... wo Fischbrötchen jetzt Fish Roll heißen und ausgefallen daherkommen

INSIDER-TIPP
Ganz schön edel!

15 **Underdocks • Neuer Kamp 13, 20359 Hamburg • under-docks.de**

16 **Veddeler Fischgaststätte • Tunnelstr. 70, 20539 Hamburg • veddeler-fischgaststaette.de**

Coole Kombi Wein und Wan Tan im Portugiesenviertel

→ Wein zum chinesischen Essen?! Das passt!

Meiqin Kuang füllt Teigtaschen im Szechuan- (authentisch scharf) oder Shanghai-Style (hamburgisch scharf). Zaubert veganen Nudelsalat, »Feuernudeln« mit Schweinefleisch und Kräutern, Chongqing-Nudelsuppe mit und ohne Speck. Das alles zum gemütlichen Mittagstisch zwischen 12 und etwa 15 Uhr unter der Woche. Bring Zeit mit, denn die Teigtaschen werden ganz frisch zubereitet und punktgenau serviert. Darauf besteht Meiqin, die schon als junges Mädchen gern in der Küche ihres Onkels stand. Wan Tan statt Käse und Schokolade zum Wein. Hat was!

Die Wan Tans sind so beliebt, dass eine Tischreservierung zu empfehlen ist. Mitten im Portugiesenviertel zwischen Michel und Landungsbrücken befindet sich das Lokal *Die Weingaleristen*. Auf die chinesischen Spezialitäten stimmt Torge Thies einen leckeren Wein ab. In seinem Lokal landen nur ausgewählte Weine von kleinen Winzern. Anekdoten zu Besuchen vor Ort, Humor und Leidenschaft für Weine inklusive. Das erfreut auch Laien, die vorbeischauen und wissen, hier werden sie nicht mit Schnickschnack vollgesabbelt. Authentische Empfehlungen vom Quereinsteiger – das kommt an.

Wenn du mehr über die Welt des Weins wissen möchtest, besuche einen Weinabend für Neugierige. Oder Tastings. Du bringst zwei bis drei Stunden Zeit mit? Exzellente Weine plus köstliche Gerichte gibt's beim »Wine & Dine«. Bisschen Nervenkitzel gefällig? Beim Blindtasting sollst du den Discounter-Wein herausschmecken. Rotwein, Weißwein oder Rosé? Aus dem Douro-Tal, Bordeaux oder von der Mosel? Ach ja, Kunst hängt auch aus – sonst wäre es ja keine Galerie.

INSIDER-TIPP
Augen zu ... und rausschmecken!

17 **Die Weingaleristen · Kohlhöfen 14, 20355 Hamburg · die-weingaleristen.de**

Dit & dat Bunte Bonsche damals und heute

Was darf in die Spitztüte? Jedem Deichkieker sind sie ein Begriff: Schafsköttel. Diese hier sind jedoch essbar – runde Lakritzbonbons. Einmal am Bonbon-Karussell drehen: Eine Schaufel weiß-rot-gestreifter Pfefferminzbonbons, karamellfarbene Knuspermünzen mit Nougatfüllung und die Himbeerbonbons dürfen auch mit. Auf dem Kassentresen in *Emmis Krämerladen im Museumsdorf Volksdorf* liegt abgepackt Hamburger Speck, eine Hamburgensie. Nicht zu verwechseln mit geräuchertem Hausschwein. Die rot-weißen Schaumzuckerwürfel mit Fruchtgelee sind fluffig und süß. Und kommen traditionell in Hamburgs Stadtfarben daher. Übrigens: Hier im Kultladen kaufst du ein wie um 1900. Mobiliar, Blechdosen und auch die Kleidung der Krämerlüüd mit gestärkten Schürzen muten wie aus einer anderen Zeit an. Helfer für den Haushalt, etwa Spinnenbesen und Sturmwäscheklammern. Da vorne Holzspielzeug für Kinder. Durch die Kaffeeklappe nebenan kommen Kaffee und selbstgebackener Butterkuchen.

Selbstgemacht sind auch die Lutschbonbons im *Bonscheladen* in Ottensen. Hier kannst du sogar selbst Bonbons herstellen oder bei der Zubereitung zuschauen. Aufkochen, ausrollen, langziehen und abschlagen. Am besten nimmst du dir das eine oder andere Glas mit – für dich oder als Souvenir. Nur welches? Ahoi, Stadtwappen, Moin Moin, Elphi, Möwe, Segelboot, Leuchtturm ... eine Mischung Hamburg, bitte!

INSIDER-TIPP
Marshmallows auf Hamburgerisch

← **Ne Buddel voll ... Bonbons!**

18 **Emmis Krämerladen im Museumsdorf Volksdorf •
Im Alten Dorfe 46–48, 22359 Hamburg • museums
dorf-volksdorf.de**

19 **Bonscheladen • Friedensallee 12, 22765 Hamburg •
bonscheladen.de**

Oha! Franzbrötchen auf dem Blech und im Glas

→ Schmeckt nach Hamburg: Franzbrötchen vom Mutterland

Ist doch klar, wie die kultigste Leckerei der Stadt aussieht, oder? Ein echtes Franzbrötchen ist die perfekte Liaison aus Hefe und Zimt, Butter und Zucker. Luftig, klebrig, süß. Richtige Handarbeit, mit viel Liebe in der Mitte plattgedrückt und mit Fingerspitzengefühl eingedreht. Wo es die besten gibt? Das kommt drauf an. Auf die gewünschte Teigkonsistenz, ob man es glänzend mit Zuckermasse bepinselt, mit Puderzucker bestäubt oder mit Schnickschnack verziert mag. Kürbiskerne, Apfelstücke, Schokotaler – alles schon gesehen. Das leckere Hefe-Plunderteig-Gebäck ist ein Mysterium: Keiner weiß so recht über seine Herkunft Bescheid. Vom plattgesessenen Freiheitskuchen ist die Rede. Vom Wettstreit dreier Brüder um eine Frau. Von einer Widmung für Kaiser Franz von Österreich und seine Sissi zum Frühstück. Wer auch immer es erfunden hat – das Franzbrötchen ist bis heute legendär.

Bei *Mutterland* wagt man es, das Franz auf einem runden Blech zu backen. Diese Prachtexemplare aus der hauseigenen Backstube gehören zu den besten der Stadt. Fluffig, saftig und mit ganz viel Zimt – boah, sind die lecker! Es gibt sie in der klassischen Variante, mit Frischkäse, Apfel oder Schokolade. Wer Zeit hat, nimmt im Restaurant Platz, vielleicht gibt's noch selbstgebackene Franztarte mit Äpfeln und Vanillecreme? Oder du spazierst in fünf Minuten zur Außenalster und genießt dort dein Lieblingsfranz.

Im Braugasthaus *Altes Mädchen* in der Schanze landen selbstgemachte Franzbrötchen im Glas. Zusammen mit einem ordentlichen Schluck Weizen IPA, Mascarpone und Kakao. Und zack, fertig – die hamburgische Antwort auf italienisches Tiramisu!

INSIDER-TIPP
Offenes Geheimnis

20 **Mutterland • Kirchenallee 19, 20099 Hamburg • mutterland.de**

21 **Altes Mädchen • Lagerstr. 28b, 20357 Hamburg • altes-maedchen.com**

FRANZ
VOM BLECH

Saftige Franzbrötchen
aus der Mutterland Backstube

€ 2,20

150g pro Stk.
100g · € 1,47

10% Rabatt auch gegen Blech
bei Vorbestellung

Apfel, Gurke und Wachholder Hamburger Gin-Tasting

Man nehme: Roh-Alkohol, etwas Fruchtiges, ein paar Kräuter – und lässt das brennen. Fertig ist eine kultige Spirituose! Ganz so einfach ist es aber nicht. Lust, einen Blick auf die Geheimnisse der Gin-Herstellung zu werfen? Beim Tasting in der Destillerie von Kaspar Hagedorn und Martin Spieker in Hamm kommst du voll auf deine Kosten. Hier entsteht in Handarbeit und vier Brennvorgängen der geschmackvolle Wachholderschnaps »Knut Hansen«, ein 42-prozentiger Dry Gin, der mittlerweile in 40 Länder exportiert wird. Und wie riecht und schmeckt er? Brennmeister Jonas gibt Tipps zum richtigen Riechen und weiß, was im kupfernen Brennkessel drin steckt: Äpfel aus dem Alten Land, Basilikum und Gurke vom Hamburger Wochenmarkt, Rosenblüten vom Ostseedeich. Hat was von Heimaturlaub. Sondereditionen ergänzen die Buddelfamilie rund um den Seemann mit Schnauz- und Kinnbart, Anker auf dem Wangenknochen und leuchtend blauen Augen. Dafür schippert schon mal ein Cognac-Fass neun Monate auf hoher See an Bord eines umweltfreundlichen Segelschiffes. Oder es finden 20 Zutaten aus 20 Ländern in Whisky-Fässern zusammen – Kirschblüten aus Japan, Oolong-Tee aus Taiwan und Eukalyptus aus Australien. So bunt und vielfältig wie unsere Welt! Eine weitere Edition der *Hamburg Distilling Company* entstand vor Ort in Südafrika. Botanical-Tasting auf Cape Peninsula am Kap der Guten Hoffnung. Destillierung mit heimischen Kräutern wie »Buchu« und mit Spekboom mitten in Kapstadt. Anschließende Lagerung in Pinotage-Rotwein-Fässern für einige Wochen. Wohin es den legendären Seemann aus Hamburg wohl danach verschlägt?

← Riechen will gelernt sein: Beim Gin-Tasting erfährst du, wie's richtig geht …

← … und wie der Hamburger Gin hergestellt wird

INSIDER-TIPP
Sammlerstücke

22 **Hamburg Distilling Company HDC GmbH • Hammer Deich 70, 20537 Hamburg • knuthansengin.de**

Highballs und Backstein Feinste Barkultur in alten Gemäuern

Was haben ein altes Hafenamt und eine Marzipanfabrik gemeinsam? Außen tragen sie dunkelrote Backsteinziegel, innen sind sie Treffpunkt für Mixologie-Fans und überraschen mit raffinierten Drinks.

The Boilerman Bar liegt zwischen Überseeboulevard und Osakaallee. Das »Amt Strom- und Hafenbau«, erbaut 1885/86 auf dem Grasbrook, ist das älteste Gebäude der HafenCity. Lange Zeit war es auch Anlaufstelle für rückkehrende Seeleute. Was die von ihren Weltreisen berichteten? Der alte Hafenmeister mit Schiffsmütze und Pfeife bleibt stumm. Doch die Menschen hinter dem Holztresen sind ganz Ohr: Wie wäre es mit einem Highball?

Gemixt wird ohne Shaker aus feinen Spirituosen wie Rum, Whisky oder Tequila. Serviert mit zwei Eiskugeln in einem gefrorenen Glas. Lehne dich in den schweren Ledersesseln zurück und lass es dir schmecken! Jörg Meyer hat übrigens die Bar konzipiert. Er ist der Inhaber von Le Lion, einer der besten Bars der Welt und nebenbei Erfinder des Gin Basil Smash.

Ob sich das »Fränzchen« von *Drilling* ebenso großer Beliebtheit erfreut? Was für eine Frage! Schließlich steckt das liebste Plunderstück der Stadt drin. Der erste Franzbrötchen-Likör aus Hamburg wird in der Alten Marzipanfabrik in Bahrenfeld gebrannt. Früher Marzipan und Nougat von L.C. Oetker. Heute Destille, Café mit Mittagskarte und Bar. In Europa bisher einzigartig. Hinter Drilling steckt übrigens das Team der clockers Bar auf St. Pauli – kennst du, oder?

23 **The Boilerman Bar Altes Hafenamt • Osakaallee 12, 20457 Hamburg • boilerman-hafenamt.de**

24 **Drilling in der Marzipanfabrik Haus 4 • Friesenweg 4, 22763 Hamburg • drilling.hamburg**

Kunst & Kultur! Zum Gucken. Zum Machen. Zum Mitmachen. Und manchmal auch zum Kaufen. Im Museum oder an der frischen Luft. Wo Kunst am Imbisswagen zu finden ist und Buddelschiffe selbst gebaut werden. Wo ein ganzes Theater in ein Zimmer passt und woher die schönsten Friesennerze kommen. Hier gibt's jede Menge kreativen Input!

Die kreativen Orte

Kunst & Kultur
von gediegen bis hip

Alles in einem Zimmer Hamburgs kleinstes Theater

→ Lust auf Theater in Überschaubar? Dann ab ins Theater das Zimmer ...

→ ... und der wandelbaren »Tour de Farce« zugucken

INSIDER-TIPP
Theater to go

Früher Fischladen, heute das kleinste Theater der Stadt. Foyer, Bühne, 40 Sitzplätze, Selbstbedienungs-Bar und Garderobe. Im *Theater das Zimmer* passt alles in einen Raum. Einmalig in Hamburg, näher ran ans Ensemble geht nicht. Sandra Kiefer und Lars Ceglecki schlüpfen in der »Tour de Farce« in zehn verschiedene Rollen. Roten Teppich ausrollen, das Publikum hebt die Füße. Ein Hotelzimmer, fünf Türen, Perücken, Pullunder, Blazer und ein Trampolin. Trotz Eheratgeber, die Ehe scheint zerrüttet. Frivole Affäre nebenan. Und überall lauert eine sensationshungrige Journalistin mit Undercover-Kameramann. Rasend schnelle Verwandlungen. Bei dieser Komödie bleibt garantiert kein Auge trocken. Wer braucht schon Hollywood? Im Sommer geht's an die frische Luft. Die inszenierten Stadtteilrundgänge sind mittlerweile Kult und waren mehrmals für den Hamburger Stadtteilkulturpreis nominiert. Improvisation, Musik, Theater – rund um die Horner Rennbahn erwarten dich allerlei Überraschungen.

Noch ein originelles Theaterkonzept: Das *Klabauter Theater* zählt zu den ältesten inklusiven Theatern in Deutschland. Mit den großen Schauspielhäusern nimmt es das Haus künstlerisch locker auf. Bei einer spannenden Kriminalgeschichte stehen die Nachbarn im Visier. Ein Tanztheaterstück spielt mit Distanz und Nähe, zwischen Bühne und Publikum. Ob Downsyndrom, geh- oder sehbehindert, mit Lernschwierigkeiten oder anderen Einschränkungen – auf der Bühne sind sie alle Profis.

1 **Theater das Zimmer • Washingtonallee 42, 22111 Hamburg • theater-das-zimmer.de**

2 **Klabauter Theater • Jungestr. 7a, 20535 Hamburg • klabauter-theater.de**

Klangvoll
Kammermusik und Jazz im Schloss

Im Osten Hamburgs lädt das *Bergedorfer Schloss* zur musikalischen Matinee und Soiree ein. Es ist das einzige erhaltene Schloss der Stadt mit wunderschöner Parkanlage. Das Backsteingebäude mit Fachwerk und spätgotischem Turm umgibt einen Wassergraben. Vermutest du hier allerdings königliche Festessen und adlige Tragödien – Fehlanzeige! Das Schloss war seit jeher ein schnöder Verwaltungsbau. Früher für Landesherren und Amtsleute, später für Senatoren.

Im *Museum für Bergedorf und die Vierlande* kannst du in die 850-jährige Regionalgeschichte eintauchen. Im Winter erklingen Geige, Flöte, Cembalo und Fagott – je nachdem, welche Besetzung sich gerade im hübschen Saal einfindet. Fans der Kammermusik lauschen einmal im Monat den internationalen Ensembles, die mal ins Mittelalter, mal in die Barockzeit entführen. Im Sommer finden Hofkonzerte statt.

African Vibes, Blues, Swing, Dixie und Bossa Nova – was für eine Stimmung! Jeden Sonntag von Mai bis September gibt's Jazz zum Frühstück. Dann groovt der Jazzclub Bergedorf zu Croissants, Schrippen und Eiersalat und der Kaffee wippt zu Banjo und Mundharmonika. Ist ja fast wie in New Orleans!

← Zum Frühstück kommt die Musik im Bergedorfer Schloss nicht aus dem Radio, sondern live von Jazz-Bands

INSIDER-TIPP
Jazz-Früh-shoppen

Bergedorfer Schloss – Museum für Bergedorf und die Vierlande • Bergedorfer Schlossstr. 4, 21029 Hamburg • bergedorfer-museumslandschaft.de

Im Auehafen
Theater schaun im Maschinenraum

→ Was für ein Theater – auf dem Schiff am grünen Ufer

Kampfeinsätze, Feuer an Bord, auf dem Grund der Elbe lag es auch schon. Was stellt man mit einem Kanonenboot aus dem Jahr 1892 an, das schon alles erlebte? Man macht ein Theaterschiff daraus. Ganz einfach, dachte sich Hannes Grabau, Besitzer des rot-weißen *Theaterschiffs Batavia* seit 1972. Lädt Käpt'n Hannes zu Live-Jazz, Kabarett und Kino, pilgern Kulturfans aus dem Großraum Hamburg nach Wedel.

Flüsschen, sattes Grün, hohe Bäume. Durch das Landschaftsschutzgebiet geht's nur zu Fuß, mit dem Rad oder auf Inlineskates weiter. Auf uraltem Kopfsteinpflaster stehen ein Kiosk, Gartenstühle und Tische unter Sonnenschirmen. Zwischen Aue und Marsch ein Kaltgetränk zischen. An Sommerabenden flimmern Filme auf einer Open-Air-Leinwand und die Sterne funkeln um die Wette.

Ein Steg führt auf das Deck. Bar, Holzstühle, blaue Wände. Urgemütlich ist es drinnen. In der Kombüse wird allerlei zubereitet. Schüler, Ausflügler, Stammgäste – da ist für alle etwas dabei. Das Herzstück des Schiffs befindet sich im Unterdeck.

Im ehemaligen Maschinenraum und Lager für Ruderboote stehen 70 mit rotem Samt bezogene Theaterstühle. Sie sind ein Geschenk der Hamburger Staatsoper. Auf den früheren Logensesseln saß sicherlich schon der eine oder andere Promi. Und jetzt kannst du hier Platz nehmen. Ob Dramen, Tragödien oder Komödien – Kultur pur mitten in der Natur in einer einmaligen Kulisse. Das solltest du dir nicht entgehen lassen! Sonntags gibt's Kindertheater: »Pippi Langstrumpf«, »Lolli Molli und das lila Krokodil« oder »Oh, wie schön ist Panama!«.

INSIDER-TIPP
Vorhang auf für die ganz Kleinen

4 **Theaterschiff Batavia • Brooksdamm, 22880 Wedel • batavia-wedel.de**

Schulschiff Deutschland

Mit Fingerspitzengefühl Bau dein eigenes Buddelschiff

Im Herzen von Winterhude, Barmbeker Straße Ecke Dorotheenstraße, liegt die Buddelmanufaktur von Familie Binikowski. In den Schaufenstern schon ein Vorgeschmack auf das bunte Sortiment drinnen. Schilder, Kaffee- und Teepötte, Fischerhemden. Und jede Menge Modell-Segelschiffe in Glasflaschen. Reinspaziert bei *Buddel Bini!*

»Peking«, »Rickmer Rickmers«, »Alexander von Humboldt«. Allen Segelfans geht das Herz beim Anblick der Mehrmaster auf. Rund 200 Modelle in Flaschengrößen zwischen 10 ml und 5 l führt Inhaberin Eda Binikowski. Die Schiffe werden in ihrer philippinischen Heimat hergestellt, im Laden setzt sie jedes einzelne in die passende Flasche und fügt individuelle Kundenwünsche hinzu. Namen, Gravuren, zusätzliche Flaggen. Die Buddelflaschen werden gern zu Hochzeiten und Jubiläen sowie als Souvenir verschenkt. Doch wie kommt das Schiff durch den engen Flaschenhals? Zwei Möglichkeiten. Bei der Zugtechnik kommt das umgelegte Schiff in die Flasche und wird anschließend mit einem verlängerten Faden darin aufgerichtet und verleimt. Bei Artikeln mit der Technik »Perfektes Haar System« werden für die Takelage statt Fäden Haare verwendet. Schiff außerhalb der Flasche komplett fertigstellen. Danach Mast für Mast mit der Takelage vom Rumpf entfernen, Rumpf in die Flasche und Mast für Mast von hinten nach vorne aufbauen. Oha!

Lust das mal selbst auszuprobieren? In Bausätzen ist alles drin, was du brauchst: Stoff für Segel, Rahen, Spieren, Flasche, Korken, Siegellack. Starke Nerven hast du, oder?

← **Lieber fertig mitnehmen oder selbst bauen? Bei Buddel Bini hast du die Flaschenschiffe-Wahl**

(5) Buddel Bini Inh. Eda Binikowski e. K. • Barmbeker Str. 171, 22299 Hamburg • buddelbini.de

Gesprüht oder geklebt
Auf Street-Art-Tour draußen & drinnen

→ Kreativ, bunt und einfallsreich: Urban Art in Hamburg

Bunte Kunstwerke an Häuserwänden, Waggons und Laternen gehören in die Metropolen unserer Welt. Urban Art ist dabei viel mehr als Graffiti. Die Anfänge reichen bis ins Mexiko der 1920er-Jahre zurück. Seitdem steigt das Ansehen der Kunstform. Immer häufiger arbeiten Aktionskünstler auch legal. Mit Grundstücksbesitzern und Städten gestalten sie Stadtteile bunter und lebenswerter.

In Harburg kannst du richtig tolle Kunstwerke entdecken. Schamanisch angehauchte Figuren von JU Mu Monster, die Legende von Störtebeker von DXTR&Rookie, abstrakte Gesichter auf Paste-Ups von Bona Berlin. Die Freiluftgalerie verbindet Innenstadt und Binnenhafen. Den 6 km langen Spaziergang von *Walls can dance* kannst du, dank digitaler Karte, prima auf eigene Faust ablaufen. Übrigens befindet sich in Harburg einer der größten legalen Graffiti-Spots in Deutschland – die Flutschutzmauer am Bostelbeker Hauptdeich, bekannt als *Hall of Fame Heimfeld*.

Von der Straße in eine schicke Galerie? Jo, das geht! Die Macher der *Urbanshit Gallery* lieben die Szene, sind bestens vernetzt und informiert. Was 2007 als Blog begann, entwickelte sich zu einer riesigen Online-Plattform. Seit 2014 befindet sich eine Offline-Galerie direkt am Fischmarkt auf St. Pauli. Ob Ausstellungsbesuch oder Shopping-Trip – das eine oder andere Kunstwerk bringt dich sicherlich zum Schmunzeln.

INSIDER-TIPP
Einfach lossprühen

6 **Walls can dance • Amalienstr. 3, 21073 Hamburg • wallscandance.de**

7 **Hall of Fame Heimfeld • Bostelbeker Hauptdeich 2, 21079 Hamburg**

8 **Urbanshit Gallery • Breite Str. 56, 22767 Hamburg • urbanshit-gallery.com**

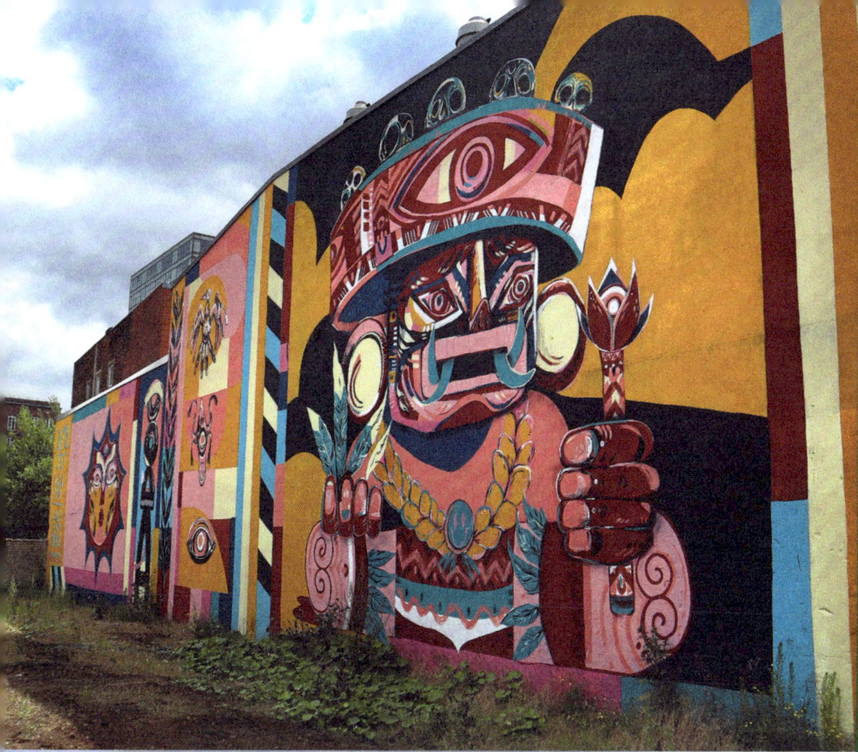

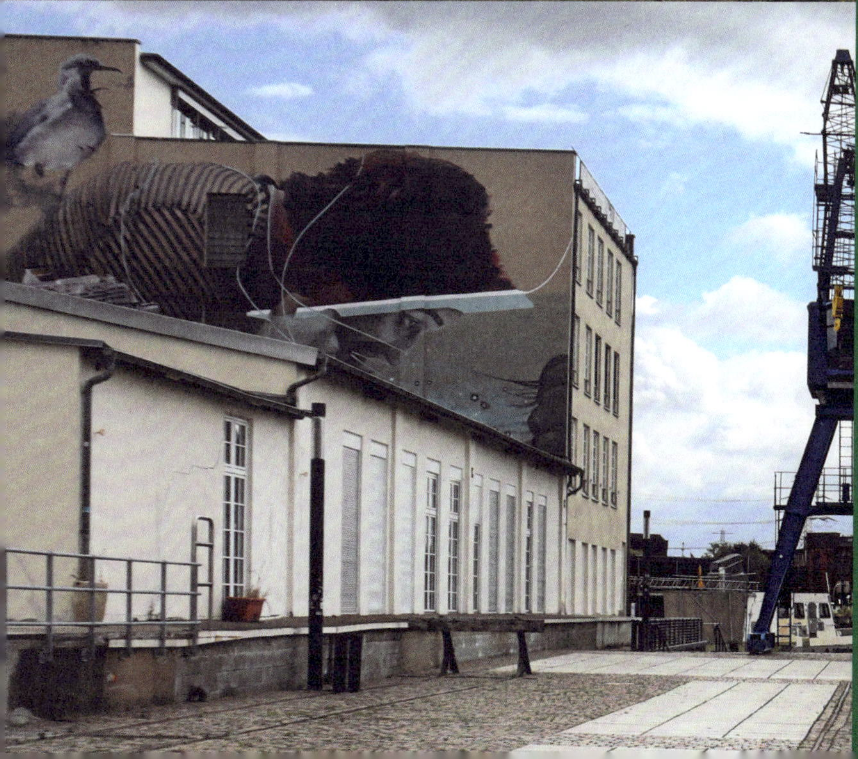

Hamburgs andere Seite Stadtrundgang mit Ex-Obdachlosen

Geschäftsleute hetzen, Touristen bummeln. Sobald die Ladengeschäfte in den Einkaufsstraßen schließen, zeigt sich eine weitere Seite von Deutschlands reichster Stadt. Fass dir ein Herz und unternimm eine Tour mit dem Straßenmagazin »Hinz & Kunzt«. Menschen, die auf dem Arbeitsmarkt keine Chance hätten, erhalten eine kleine Einnahmequelle: Mehr als 500 Obdachlose, Wohnungslose, Ex-Obdachlose und Menschen in prekären Lebenslagen verkaufen das Printheft. Chris ist einer von ihnen, heute Tourguide und angestellt. 400 Termine schafft er im Jahr. Kette raucht er. Sankt-Pauli-Fan ist er, HSV-Gruppen führt er aber auch.

Der *Stadtrundgang von Hinz & Kunzt* streift Punkte, die für Obdachlose Zufluchtsorte sind. Katzendusche, eine warme Mahl-

↓ **Hier an der Zentralbibliothek endet der Rundgang**

↓ **Vorher aber zeigt dir Chris seine Stadt**

zeit, für ein paar Stunden Hab und Gut wegschließen. In einem Drogenkonsumraum unter medizinischer Aufsicht den nächsten Schuss setzen. Plötzlich hat Obdachlosigkeit ein Gesicht. Schicksalsschläge, Traumata, Misshandlungen. Depressionen lähmen, können zum Verlust des Ausbildungsplatzes oder der Arbeitsstelle führen. Kein Geld, keine Wohnung. Aus Scham bleiben Mahnungen ungeöffnet, der Weg zum Sozialamt wird erst gar nicht angetreten. Drogen und Rauschmittel scheinen die seelischen Schmerzen zu lindern. Niemand lebt freiwillig auf der Straße. Geplatzte Träume. Der Weg zurück in die Gesellschaft behindert. Treffen kann es jeden. Und so mag diese Tour vielleicht nicht spaßig sein. Doch sie zeigt, was möglich ist, wenn mutige Ideen zu Brücken werden. Die Tour endet vor der Zentralbibliothek, bei den großen Skulpturen »Mann und Frau« von Stephan Balkenhol. Chris erntet nach 90 Minuten Applaus und kann sich ein stolzes Lächeln nicht verkneifen.

⑨ Stadtrundgang von Hinz & Kunzt • Treffpunkt laut Website • hinzundkunzt.de (für Terminbuchungen) • Kosten: 10 Euro, erm. 5 Euro (pro Person)

Tatorte & Tragödien
Krimilesungen im Speicherblock

→ Mord und Totschlag: Im Speicherstadtmuseum finden Krimilesungen statt

Ein abgetrennter Frauenfuß. Eine Schaufel. Massenpanik. Der Sommer auf Amrum hätte so schön werden können. Stattdessen sucht die gesamte Insel nach einem Frauenmörder. Den Plot zu »Der weiße Heilbutt« hat sich Krischan Koch ausgedacht. Der Autor, Filmkritiker für den NDR und Erfinder von Kabarettprogrammen für den »Hamburger Spottverein« lebt in Hamburg und auf Amrum. Und gehört zu jenen renommierten Autorinnen und Autoren, die im *Speicherstadtmuseum* aus ihren Werken vorlesen. Ein- bis zweimal pro Monat, immer freitagabends, verwandelt sich das alte Lagerhaus aus dem Jahr 1888 im Block L in der Speicherstadt zum Tatort. Im einstigen zentralen Lagerhausviertel des Hamburger Hafens stapelten sich früher Kaffee, Tee, Kakao, Gewürze, Nüsse, Kautschuk und Tabak. Heute pilgern Krimifans der Hansestadt zum Sandtorkai. Die Karten sind immer blitzschnell ausverkauft.

Amrum – das ist ja weit weg, das schockt nicht. Na gut. Wie wäre es mit einer Leiche in der Elbe? Morde in der Speicherstadt? Tragödien, in die wohlhabende Kaffeehändler verstrickt sind? Macht, Gier, falsche Liebe? Historische Hamburg-Krimis etwa von Anja Marschall, Lena Johannson und William Boehardt finden ebenso Gehör. Und dann stockt der Atem, draußen pfeift der Wind durch die Fleete, im Gebälk knackt's. Ist da gerade ein Kaffeesack umgefallen? Ganz viel Lokalkolorit und so spannend – da können die skandinavischen Nachbarn einpacken!

 Speicherstadtmuseum • Am Sandtorkai 36, 20457 Hamburg • speicherstadtmuseum.de

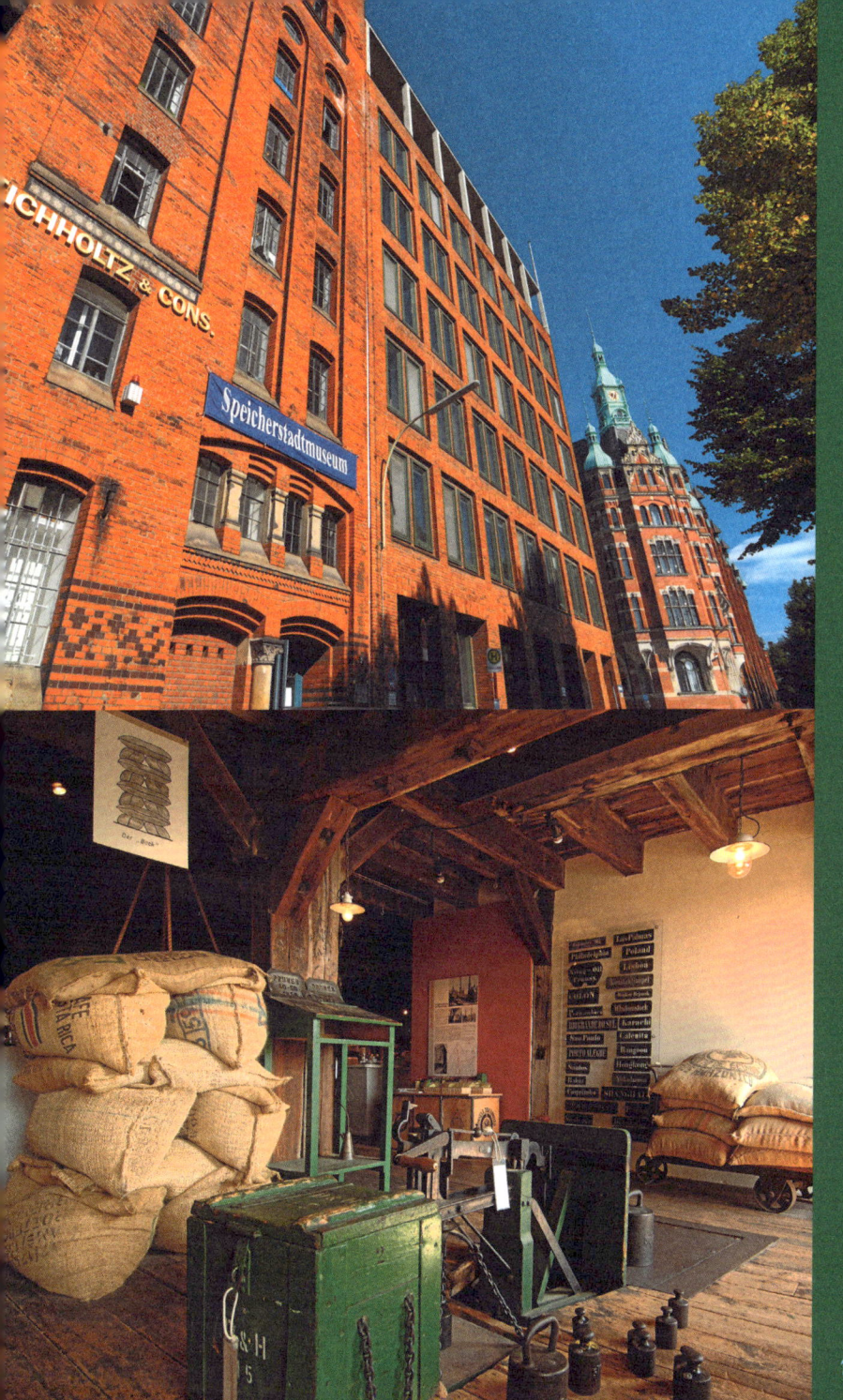

Aus Segeltuch und Stadtplan
Unikate shoppen

Die einen segelten auf den Weltmeeren, die anderen lotsten Gäste durch Fleete und Twiete. Wenn du auf der Suche nach ungewöhnlichen Souvenirs aus Hamburg bist, halte Ausschau nach diesen tollen Unikaten.

Die Taschen von 360 Grad eignen sich für jedes Wetter. Sie werden aus recycelten Segeltüchern gefertigt, die direkt von Segler:innen und Yachtbesitzer:innen kleiner und großer Schiffe stammen. Robust und leicht zugleich sind Umhängetasche, Rucksack und Kulturbeutel ideale Alltagsbegleiter. Bestelle dir bequem dein Lieblingsmodell mit Namen wie Barkasse, Tanker oder Pirat nach Hause. Oder gestalte online deine eigene Tasche. Dank Herkunftsnachweis in der Innenseite weißt du, woher dein Begleiter kommt. Schiffstyp, Ort und aus welchem Segelteil sind darauf notiert. *Frau Vogel*, direkt hinter dem Michel, verkauft eine kleine Auswahl aus der Taschenmanufaktur.

Das Konzept von *'s Fachl* stammt zwar aus Österreich, aber das macht ja nichts. Ins vielfältige Ottensen, das als Wohn- und Einkaufsviertel total beliebt ist, passt es prima. Hamburger Hobbybastler:innen, Kleinproduzent:innen und Start-ups mieten sich ein Regalfach und präsentieren ihre Kunstwerke und Genussprodukte, darunter auch Heike Kuchler. Sie fertigt für ihr Label »Abantu creative and fair« filigrane Faltschiffchen aus alten Hamburger Stadtplänen an und platziert sie in handbemalten Rahmen oder in winzigen Buddeln auf Treibholz, das sie am Elbstrand findet.

← Brauchst du mal wieder eine Tasche? Wie wäre es mit einer von 360 Grad?

← Süße Deko: die Faltschiffchen von Heike Kuchler

INSIDER-TIPP
Hamburg für zuhause

11 **Frau Vogel • Krayenkamp 13, 20459 Hamburg •** frauvogel.com

12 **'s Fachl Hamburg • Bahrenfelder Str. 79, 22765 Hamburg • fachl.at**

Elbsegler, Fleetenkieker, Reepschläger
Hanseatisch behütet

→ Bist du ein Mützentyp? Finde es raus!

Ein Blick ins Schaufenster. Kiel, Hamburg, Altona. Hoher oder kurzer Mützensteg, kleiner oder großer Deckel, geflochtene oder gedrehte Kordel?

Das Fachgeschäft *Walther Eisenberg der Mützenmacher* liegt an der Steinstraße. Seit 1892 werden hier in echter Handarbeit Seglermützen und Hüte hergestellt. Im 65 m² großen Laden scheint sich im Lauf der Zeit kaum etwas verändert zu haben. Solche Traditionsgeschäfte sind eine Rarität. Mützen und Hüte stapeln sich in den schweren Einbauschränken aus Holz. An den Wänden hängen Schwarz-Weiß-Fotos, die Blumendekoration ist verblichen. Inhaber Lars Küntzel kam schon als Lütter mit Papa in den Laden. Heute berät er Kunden im Verkaufsraum. In der Werkstatt fertigt er auf alten Pfaff-Nähmaschinen aus rund 20 Einzelteilen eine Mütze, die auch noch in 100 Jahren 1-A sitzt. Dafür braucht es kräftige Finger und etwa zwei Stunden Zeit.

Kunden sind meist Herrschaften. Und Prominente schätzen die norddeutschen Klassiker. Hamburger Jung Helmut Schmidt behütete sich gern mit einer Elblotsen-Mütze von Eisenberg. Marineblauer Stoff, sehr hoher Rand, kleiner Deckel. Die bleibt auch bei heftigem Wind auf dem Kopf sitzen. Sonderstatus braucht es übrigens nicht, um einen Eisenberg zu tragen – hier wird jeder Kunde zuvorkommend behandelt. Schließlich geht's um die Kopfbedeckung, nicht um den Träger. Darum darfst du auch gern deine persönlichen Wünsche äußern.

 Walther Eisenberg der Mützenmacher • Steinstr. 21, 20095 Hamburg • muetzenmacher-hamburg.de

Hohe Töne, tutende Schiffe Oper für Beginner

Eingeschlafene Pobacken, theatralische Gesten, Stimmen-akrobatik – ein Opernbesuch kann herausfordernd sein. Muss er aber nicht! In einem charmanten Loft mit unschlagbarem Ausblick werden Meisterstücke von Mozart, Verdi und Goethe mit der Gegenwart verknüpft. Kurze Sprechtexte, humorvolle Einlagen, 90 Minuten Zeit. Ob das *Opernloft im Alten Fährterminal* es schafft, dich zu begeistern?

← Nix mit stocksteif: Hier ist Oper lustig und zwanglos!

Die Bestuhlung ist bequem, das Getränk darf mit an den Platz. Das gibt Pluspunkte. Das Publikum? Lässig. An den großen Glasfronten des Alten Fährterminals in Altona ziehen Containerschiffe, Schlepper und Fähren vorbei. Die letzten Sonnenstrahlen des Tages tauchen Elbe und Hafen in goldenes Licht. Der Abend könnte nicht stimmungsvoller beginnen. Dann wird's dunkel – Bühne frei.

Leopardenhemd, Zigarre im Mund, am Revers steckt eine Rose. Drei Hamburger Mafiosi tauchen tief ein in die Unterwelt. Ob sie herausfinden, wer ihren Paten getötet hat?

Einfach mal raus. Ausbrechen aus der Monotonie des Alltags. Sie tragen pastellfarbene Perücken, neonfarbene Kleidung und Glitzersteine im Gesicht. Schlüpfen in neue Identitäten. Was tun, wenn das Leben als Hausfrau und Mutter nicht das vollkommene Glück beschert? Und was erlebt eine Ex-Polizistin, die auf einem Kreuzfahrtschiff über die sieben Weltmeere schippert?

Während du noch überlegst, ob du mit an Bord gehst, ertappst du dich, wie du Seemannslieder und Liebessongs aus Hamburg vor dich hin summst. Das war sicherlich nicht deine letzte Oper. Komm bald wieder!

 Opernloft im Alten Fährterminal • **Van-der-Smissen-Str. 4, 22767 Hamburg** • **opernloft.de**

Barsch, Anker, Möwe
Ran an die Farbtöpfe beim Siebdruck

→ Eine Schatz-kiste voller Motive und Produkte zum Entdecken: Frohstoff

Welches Motiv? Jutebeutel oder Shirt? Leinen oder Halbleinen? Keine Bange! Beim Umgang mit den veganen und ökologisch abbaubaren Farben, Schablonen, Papieren, Stoffen und der richtigen Siebbeschichtung steht dir das Team von *Frohstoff* mit Rat und Tat zur Seite. Bei einem Schnupperkurs, einem Wochenend-seminar oder beim Sonntagsdrucken. Du brauchst noch Inspiration? Dann stöbere mal im wunderschönen Kaufmannsladen aus den 1930ern. Früher voller Feinkost, hängen heute Geschirrtücher mit Hamburg-Sehenswürdigkeiten an den Fleischerhaken. Auf den Kissen sind zwar heimische Tiere abgedruckt, die Füllungen sind jedoch gänzlich frei von tierischen Produkten. Praktische Alltagshelfer wie Flaschenhussen, Kaffeefilter und Brotbeutel füllen die Regale. Die ehemalige Kühlkammer ist beleuchtet und bringt die neonfarbenen Drucke so richtig schön zur Geltung. Die Bügelpresse daneben heizt ordentlich ein. Damit der Druck auch lange hält. Vom Schnitt bis zum manuellen Siebdruck, in der Wexstraße werden alle Produkte von Hand gefertigt.

Die *Farbfabrique* in der Fabrique im Gängeviertel betreibt eine offene Werkstatt für Siebdruck und Kunst. Du kannst an Anfän-ger-Workshops teilnehmen oder, wenn du fortgeschrittenes Wissen hast, mit deinem Wunschprojekt vorbeischauen. Ehrenamt-liche Tutorinnen und Tutoren sind gern behilflich bei der Umsetzung deiner Idee. Schnapp dir Rahmen, Schablone und Rakel und tob dich nach Lust und Laune inmitten einer der wohl coolsten Locations der Stadt aus.

15 **Frohstoff – Siebdruck & Textilmanufaktur •** **Wexstr. 38, 20355 Hamburg • frohstoff.de**

16 **Farbfabrique • Verein im Gängeviertel e. V., Valen-tinskamp 28a, 20355 Hamburg • fabrique.gaenge viertel.de**

Wartehalle, Bahnhof & Co. Ungewöhnliche Kunsträume

Die einen rein, die anderen raus. Vom Land in die Stadt und zurück. Zu Stoßzeiten ist es am Harburger Fernbahnhof trubelig. Ein typischer Pendlerbahnhof. Und hier gibt's Kunst? Klar!

Zwischen Gleis 3 & 4 dienen Vitrinen mit dickem Holzrahmen als Ausstellungsflächen. Über den beiden Bahnsteigen liegt die alte Wartehalle mit imposanter Kassettendecke. Hier zeigt der *Kunstverein Harburger Bahnhof* zeitgenössische Kunst. Absolut empfehlenswert!

An der Ecke Bleickenallee/Hohenzollernring in Altona steht ein weiterer ungewöhnlicher Kunstraum. Der rechteckige Oelsner-Pavillon wurde einst als Wartehäuschen mit Kiosk und WC-Anlage genutzt. 2008 erwachte *Die Bedürfnisanstalt*. Seitdem finden in dem 34 m² großen Raum Vorlesungen, Ausstellungen und Installationen statt.

Klappe auf! Im Sommer tourt der *Kunst-Imbiss* durch Bergedorf, Niendorf oder die Innenstadt. Verdutzte Gesichter bei den vorbeieilenden Geschäftsleuten. Currywurst und Pommes gibt's nicht. Dafür allerlei Kreatives. Touristen erkennen ihn wieder, Hamburg-Insider kennen ihn. Ein Halt an der ambulanten Kunstversorgung ist Muss. Und dann passiert, was an einem Imbiss passiert: Man bleibt länger als gedacht, schnackt über dies und das, sieht plötzlich die Werke in der Auslage mit anderen Augen. Kunst im Vorbeigehen – hat was!

INSIDER-TIPP
Altes Schmuckstück

← **Das kannst du glauben! Ob am Imbisswagen oder im Wartehäuschen – hier erwartet dich wirklich Kunst!**

17 **Kunstverein Harburger Bahnhof • Hannoversche Str. 85, über Gleis 3 & 4, 21079 Hamburg • kvhbf.de**

18 **Die Bedürfnisanstalt • Bleickenallee 26a, 22763 Hamburg • diebeduerfnisanstalt.de**

19 **Kunst-Imbiss • mobile Standorte laut Website • kunst-imbiss.de**

040 ein Leben lang
Vegane Tattookunst im Chilehaus

→ Klinisch-
hygienisch und
zugleich unver-
fälscht-kreativ:
das edding
Tattoo Studio

**Das geht unter die Haut: Ungebrochen ist die Lust auf einzig-
artigen und persönlichen Körperschmuck.** Anker, Stadttor,
Franzbrötchen – so mancher lässt sich an der Elbe ein Souvenir
für die Ewigkeit stechen. Macht Sinn. Schließlich hat Hamburg
eine traditionsreiche Tattoo-Geschichte und ist Hochburg talen-
tierter Stech-Künstler. Christian Warlich war der Erste im Land
mit einer elektrischen Tattoomaschine. Der Gastwirt von St. Pauli
wird zur Legende, zum »König der Tätowierer«. Gestochen wurde
nach Vorlage. Selbst gestalten war nicht »en vogue«. Das ist heute
anders. Japanese, Black & Grey, Polynesian Tribal, Fineline – deinem persönlichen Stil sind keine (Länder-)Grenzen gesetzt!

Damit du lange Freude an deinem Bildchen hast, lass dich
umfassend beraten. Im Chilehaus befindet sich das erste *edding
Tattoo Studio*. Weiße Wände, klare Linien, ein paar bunte
Motive an der Wand – kein Schnickschnack. Braune Stühle und
schwarze Tische für das Beratungsgespräch. In den Regalen stehen Lifestyle-Produkte aus der Welt des in Barmbek gegründeten
Schreibwarenherstellers. Filzstifte, Marker, Nagellack und nun
Tattoofarbe. Jedoch keine herkömmliche. Die Künstler stechen
mit veganer Farbe. Diese kommt ganz ohne Konservierungsstoffe
aus und verzichtet auf gesundheitlich bedenkliche Inhaltsstoffe
wie Azofarbstoffe, PEG und CMR-Stoffe. Feine Sache! Wenn du
magst, lass deiner Kreativität freien Lauf. Ein bisschen Seemann
und Matrosin steckt doch in jedem, oder?

INSIDER-TIPP
Safer
tattooing!

20 edding Tattoo • Burchardstr. 13–15,
20095 Hamburg • edding.tattoo

Anpfiff! Derby der Fußballmuseen

Eine Stadt – zwei Fußballvereine. Das Heimstadion der einen Mannschaft liegt idyllisch im bewaldeten Volkspark. Das andere befindet sich zwischen Betonbunker und Reeperbahn mitten auf St. Pauli. So unterschiedlich die Austragungsorte, so unterschiedlich sind die Traditionsklubs Hamburger SV und FC St. Pauli 1910. Blau-Weiß-Schwarz oder Braun-Weiß? Eins ist klar: Beide Vereine brennen für die Jagd nach dem Lederball, kennen Siege und Niederlagen und haben eine bewegte Historie.

← Kommt schon ganz schön cool daher, das FC St. Pauli-Museum

Im *HSV-Museum im Volksparkstadion*, einem der größten Fußballmuseen Deutschlands, wird die Geschichte des Clubs auf knapp 700 m² beleuchtet. Trikots, Pokale, Videoaufnahmen. Charly Dörfels Toupet, Jupp Posipals WM-Medaille, »Uns Uwe«. Legenden-Vitrine und Schatzkammer. Hier entdecken Fans und Fußballfreunde zahlreiche Exponate und einige der letzten Geheimnisse des Hamburger SV.

Weißer Totenkopf, schwarzer Hintergrund – so sieht eine stilechte Begrüßung beim FC St. Pauli aus. Seit 2020 befindet sich in der Gegengeraden des Millerntor-Stadions eine permanente Dauerausstellung. Darin kommen Zeitzeugen zu Wort. Der Begriff »Arbeiterfußball« wird erklärt. Und die einmalige Fankultur, die weit über Hamburgs Grenzen hinausreicht, bekommt hier im *FC St. Pauli-Museum* einen Ehrenplatz. Wie schafft es ein Verein in die Herzen der Fans? Mit herausgerissenem Straßenpflaster, Rock 'n' Roll und einer alten »Clubheimküche«.

21 **HSV-Museum im Volksparkstadion • Sylvesterallee 7, 22525 Hamburg • hsv.de**

22 **FC St. Pauli-Museum • Heiligengeistfeld 1, 20359 Hamburg • fcstpauli-museum.de**

Fischerhemd reloaded
Moderne Hamburg-Mode

→ **Klassiker in 2.0: die Friesennerze von Derbe & Support**

Hanseatischer geht's kaum! Schwerer Leinen- oder Baumwollstoff, vertikale weiße Streifen, Stehkragen. Übern Kopf ziehen, Ärmel hochkrempeln. Prima sitzt das Fischerhemd! Mit rotem oder blauem Tuch und geflochtenem Knoten ist es als Tracht auf Festen zu sehen. Shanty-Chöre trällern darin Seemannslieder. An Lütten sieht's putzig aus. Hafenarbeiter tragen es als Erkennungsmerkmal und Arbeitskleidung. Ebenso die Fischer von Finkenwerder. Ihr Hemd mit quer gestreiftem Revers und weißen Knöpfen hat Wiedererkennungswert! Wenn du dir solch einen Allrounder zulegen magst, ab zu *Fisherman Uwe*. In der Rindermarkthalle findest du Klassiker und moderne Abwandlungen wie Tuniken und Wickelblusen. Gefertigt wird übrigens in Hamburg-Lokstedt.

Wenn der Wetterbericht Regen ankündigt – kommt gefühlt gar nicht so oft vor –, dann schlüpfe in einen Friesennerz. Der Anorak mit großer Kapuze hält jeder steifen Brise stand und Regentropfen perlen wunderbar daran ab. Das fühlt sich an, als seist du ein marines Wesen auf Landgang. *Derbe & Support* verpasst der Öljacke von der Küste einen zeitgemäßen Anstrich. Polyester aus recycelten Materialien, Füllungen aus nachwachsenden Rohstoffen, vegan – diese Regenjacken passen in die Gegenwart. Komfortabel noch dazu. In knalligem Gelb oder leuchtendem Orange peppst du triste Wintertage auf und stehst jedes Schietwetter durch.

 Fisherman Uwe • in der Rindermarkthalle, Neuer Kamp 31, 20359 Hamburg • fisherman-uwe.de

 Derbe & Support • Osterstr. 169, 20255 Hamburg • derbe-hamburg.de

Und: Action! Auf dem Wasser, zu Lande oder in der Luft. Ob kleine Mutprobe, sportliche Spitzenleistung oder einfach mal aufs Spaßpedal treten: Tob dich aus, sei wild, und zeig, was in dir steckt!

Die wilde Seite

Gas geben und Spaß haben von sportlich bis mutig

Abschlag hinterm Deich Bauerngolf mit Bollerwagen

In den Bollerwagen kommen eine Kühltasche mit Getränken, bunte Gummibälle und neonfarbene Tees, damit der Abschlag von der Wiese gelingt. Und eure Eisen. Die Universalschläger sind für alle gleich – also keine Ausrede nach dem Motto: »Ich kann gar nicht treffen. Mein Schläger ist zu schwer.« Swingolf-Schläger haben drei Seiten. Für lange und kurze Schläge sowie fürs Putten auf dem Grün. Ein paar Kniffe zum richtigen Dreh und ab auf die Bahn von *Swingolf-Hamburg*. Querschläger sind normal. Wie viele Schläge braucht ihr bis zum nächsten

↓ **Immer schön mit Schwung und gutem Auge: beim Swingolf**

Loch? Den Ball mit Wumms übers Feld schmettern. Hinterher-schauen, wie er richtig Strecke macht. Pure Freude!

Nach Regen ist das Feld matschig. Darum Wechselsocken oder Gummistiefel einpacken. Spaß macht es umso mehr. Denn hier geht's ganz ohne Knigge und Dresscode zu. Hinkommen, nicht lange üben, losschwingen. Den Ball aus der Grube fischen. Vorbeiziehende Wolken am blauen Himmel beobachten. Frische Luft im Südosten Hamburgs einatmen. Echtes Landidyll zwischen Gose- und Dove-Elbe, inmitten der Vier- und Marschlande. Gemüsebauern und Blumenzüchter sind hier zuhause, beliefern den Hamburger Großmarkt. Zeit vergessen. Eine Bahn abspielen dauert zwischen drei und vier Stunden. Schließlich ist die Anlage 13 ha groß.

Stärkung gibt's im Dielencafé, einem ehemaligen Kälberstall im reetgedeckten Bauernhaus der Landwirte und Besitzer der Anlage. Heiße und kalte Getränke, Blechkuchen, Currywurst mit Pommes. Herrlich so ein Tag auf dem spießerfreien Golfplatz.

1 **Swingolf-Hamburg • Gauerter Hauptdeich 105, 21037 Hamburg • swingolf-hamburg.de**

Schwerkraft ausgetrickst! Beim Parkour im Oberhafenquartier

Spielend leicht über Mauern springen, Hauswände hinaufklettern, Zäune mit Flickflacks überwinden. Beim Parkour setzt du die Fähigkeiten deines Körpers ein, um von A nach B zu kommen. Die Trendsportart entstand in den späten 1980er-Jahren in Paris. Aufgrund von zahlreichen Spielfilmen, Reportagen und TV-Formaten, in denen sie eine Rolle spielt, hat die Fortbewegungsweise auch in Deutschland viele Fans. Du traust dich noch nicht im Großstadtdschungel über Hindernisse zu »fliegen«? *Die Halle* bietet Workshops und freies Training an. Hier lernst du alle Kniffe und Tricks.

Stangen, Matten, Rampen, feste und mobile Hindernisse – im überdachten Parkour-Park auf dem ehemaligen Güterbahnhof fehlt es an nichts. Laufen, springen, hechten. Fortgeschrittene Parkourläufer wirbeln durch die Halle, die waghalsigen Stunts sehen spielerisch leicht aus. Dahinter steckt jede Menge Schweiß und Muskelarbeit. Wichtig zum Beginn eines jeden Trainings ist das Aufwärmen. Dann übt jeder Traceur verschiedene Hindernis-Techniken. Bei der »Atterrissage« landest du auf den Füßen und stützt dich mit dem Oberkörper ab. »Demi-tour« ist eine halbe Drehung. »Équilibre« nennt sich das Balancieren auf Mauern und Stangen.

Mitmachen kann jeder, vom Anfänger bis zum Profi. Alter und Herkunft spielen keine Rolle. Wer die Techniken beherrscht, kann ohne Regeln Hindernisse bezwingen und raus auf die Straße. Deiner Kreativität sind keine Grenzen gesetzt. Und darum macht der Parkourlauf so viel mehr Spaß als die ollen Turnübungen zu Schulzeiten.

← Einmal im Kreis drehen – in der Luft! Das kannst du in der Halle erlernen

Die Halle • Stockmeyerstr. 43, Halle 4F, 20457 Hamburg • diehalle.hamburg

Die perfekte Welle
Asphaltsurfen drinnen und draußen

→ Rampen, Stangen, Erhebungen – im I-Punkt Skateland freuen sich Skater über solche Hindernisse

»**Heaven is a halfpipe.**« Um zu verstehen, welches Gefühl die Hip-Hop-Band OPM besingt, musst du nicht nach Kalifornien jetten. Jacky Wacky Kickflip Reverts lassen sich auch in Hamburg üben. Oder du schaust einfach zu und staunst, was man alles mit einem Brett auf vier Rollen anstellen kann.

Satte 1500 überdachte Quadratmeter zum Austoben erwarten dich im *I-Punkt Skateland*. Streetparkour, Minirampe und Halfpipe sind an 365 Tagen im Jahr geöffnet. Da hüpft jedes Skater-Herz höher. Kurse, Verleih von Boards, Inlineskates und Schutzausrüstung – alles vorhanden. Du traust dich nicht? Probiere Fingerboard! Flips lassen sich auch mit zwei Fingern prima üben.

INSIDER-TIPP
Beton-Glück mit Aussicht

Keine Lust auf Halle? Dann schnapp dir Board, Skates und Grillgut und fahre mit der Fähre nach Finkenwerder. Die *Skateanlage im Rüschpark* neben dem Gelände der Airbus-Werft hat wohl die spektakulärste Aussicht der Stadt: Auf der Elbe floaten dicke Pötte vorbei, während du durch die Luft wirbelst. Nach der Session: Grill anheizen, Würste brutzeln und Alsterwasser zischen.

Der *IGS Skatepark* in Wilhelmsburg wurde mit Jugendlichen und erfahrenen Skatern geplant. Auf Treppen, Rails und Curbs geht es rasant her, insbesondere wenn mal wieder ein Wettkampf stattfindet. Highlight ist eine 2 m tiefe »Bowl«.

3 I-Punkt Skateland e. V. • Spaldingstr. 131, 20097 Hamburg • i-punktskateland.de

4 Skateanlage im Rüschpark • Ploot 18, 21129 Hamburg

5 IGS Skatepark • Am Inselpark 1, 21109 Hamburg

Pure Lebensfreude
Tanzen wie in Buenos Aires & Havanna

Un, dos, tres ... Hüften kreisen, Arme locker mitschwingen, zum Takt von Trommeln und Gitarrenklängen umeinander wirbeln. Gibt es eine schönere Art, den Alltagsstress abzuschütteln und energiegeladen in den Feierabend zu starten?! Vor dem *Lesecafé Stadtpark* trifft sich im Sommer regelmäßig ein Teil der riesigen Salsa-Community der Stadt. Wiese und Kieswege werden kurzerhand in den größten Open-Air-Tanzsaal nördlich der Elbe verwandelt. Grundschritt, Sidestep, Backstep, Drehungen, Fußkombinationen und Armbewegungen. Welcher Stil passt am besten zu dir? Hüfte, Hüfte, Hüfte und im Kreis drehen – der Cuban Style ist der Klassiker unter den Salsa-Stilen. Elegant, feminin und »auf der Linie« tanzen wie im New York der 1970er. Showtime, hohes Tempo, viel Akrobatik – so geht der L. A.-Stil. Viel Platz und eine atemberaubende Fußtechnik schätzt man in Puerto Rico.

Dir steht der Sinn nach Wiegeschritt, einfühlsamen Umarmungen und verschlungenen Beinen? Südlich der Elbe kannst du bei *Tango Ático* in Harburg gegen Eintritt an Milongas, also an regelmäßig stattfindenden Tangotanzveranstaltungen, auf dem Dachboden teilnehmen. Gefühlvolle Musik, ein Glas Wein, Kontakte knüpfen. An Samstagen wird hier bis nach Mitternacht getanzt. An Sonntagen schwingst du zu frisch geröstetem Kaffee und hausgemachten Kuchen das Tanzbein. Termine findest du online.

← (Tanz-)Spaß ist bei Tango Ático garantiert

INSIDER-TIPP
Café-Milonga

6 **Lesecafé Stadtpark • Saarlandstr. 67, 22303 Hamburg • Instagram: lesecafe.stadtpark**

7 **Tango Ático • Krummholzberg 5–7, 21073 Hamburg • tangoatico.de**

Denn man tau
Bungee-Jumping und House Running

→ **Hat was von James Bond: House Running**

Kann's losgehen? Denn man tau! 163 Stufen führen auf den hellblauen Hafenkran. Du blickst auf die Veddel, das Hafenmuseum, die Masten der »Peking« und die Elbphilharmonie. Hamburg liegt dir zu Füßen. Doch genug Sightseeing – ab auf die Kante mit dir. Bloß nicht nervös werden. Leicht gesagt, denn bei diesem Ausblick kommen deine Knie ziemlich ins Schlottern. Das Schwierigste ist, den Schritt auf die Kante zu wagen und 50 m in die Tiefe zu blicken. 1000 Schmetterlinge düsen in der Magengrube. Da geht's runter? Nur keinen Rückzieher machen. Wird schon. 3, 2, 1 – und Absprung! Im freien Fall saust du kopfüber der Elbe entgegen. Allein oder im Tandem. Das Seil schnarrt zurück, pendelt sich langsam aus, und du bist im völligen Wechselbad der Gefühle. Angst, Adrenalin, pures Glück – geschafft, alles gut. Aber halt – das war's schon? Am liebsten gleich noch mal!

Wenn du dir die rasante Variante noch nicht zutraust, dann probiere doch mal, eine Hauswand hinab zu spazieren. Das Team von *House Running Hamburg* organisiert nicht nur Bungeesprünge, sondern auch den steilsten Spaziergang der Stadt. Vom Dach eines Hotels langsam vorlehnen, ordentlich am Tau festhalten. Handschuhe sorgen für einen festen Griff. Du bist sicher an einer Spezialkonstruktion angeseilt, das Geschirr hält dich. Dann geht's Schritt für Schritt senkrecht eine Hauswand hinunter. Nach ein paar Metern bist du ein echter Profi, wagst ein paar Sprünge. So müssen sich Möwen im Gleitflug fühlen. Nach 30 Minuten hast du dann wieder festen Boden unter den Füßen.

 House Running Hamburg • Orte für den Endorphinkick laut Website • house-running.de/hamburg

Bahn frei! Mit dem Wasserlift übern Baggerteich heizen

Wird schon nicht so schwer sein, oder? Schwarzen Neoprenanzug überstülpen, rote Prallschutzweste umschnallen, gelben Helm festbinden. Mit nackten Füßen in die Bindungen der Skier auf der blauen Matte schlüpfen. Das Zugseil an der Hantel mit beiden Händen vor dem Körper festhalten. Arme durchstrecken. Ab in die Hocke. Blick nach vorn. Die Ampel springt auf Grün. Los geht's!

↓ Da kommt das Nasse mal nicht wie sonst in Hamburg von oben, sondern von unten

Groß ist die Euphorie, schnell kommt die nasse Ernüchterung. Platsch – wieder ist jemand im Wasser gelandet. Das Seil hüpft flink davon wie ein Pferd, das seinen Reiter verloren hat. Nur Mut.

Erst sicher auf Wasserskiern stehen. Gleichgewicht finden. Zwischen zwei roten Bojen durchfahren und spielerisch um die fünf Kurven gleiten. Dann kommt die Kür.

Wer mehr will, schnappt sich Helm und Obstacle-Board. Einhändig fahren. Einen Ollie machen. Ja, der bekannte Skateboard-Trick funktioniert auch auf dem Wasser. Dabei schwebt das gesamte Brett in der Luft. Du also auch. Später sind die Boxen dran. Insgesamt 18 futuristische Hindernisse befinden sich auf der 5-Mast-Wasserskianlage von *Wasserski & Wakeboard Hamburg* im Neuländer Baggerteich südlich der Elbe. Sprünge, Drehungen, Wasserklatscher. Das beeindruckt die Schaulustigen. Gemütlich lässt sich das Wasserspektakel beim kühlen Getränk von der Holzterrasse des Restaurants Eisvogel begutachten. Auf der 830 m langen Bahn ist im Sommer immer etwas los. Hamburg hat zwar quasi keine Berge, aber Ski und Wakeboard gehen hier definitiv auch.

⑨ Wasserski & Wakeboard Hamburg • Am Neuländer Baggerteich 3, 21079 Hamburg • wasserski-hamburg.de

Große Freiheit Auf dem E-Roller durch die City cruisen

→ Mal keine Stadtrundfahrt mit dem Bus: Wendig geht's mit dem E-Roller durch Hamburg

Du brauchst nur einen Pkw-Führerschein, dann kann der Fahrspaß beginnen! Spritzig unterwegs bist du mit den knallroten Elektro-Rollern von *Emmy sharing*. Unternimm eine coole Sightseeing-Tour von der Speicherstadt durch die HafenCity, weiter zu den Landungsbrücken und rund um die Außenalster. Was vergessen? Fischbrötchen am Fischmarkt, mit der Picknickdecke zum Elbstrand und später noch auf den Kiez. Du entscheidest, wo es lang geht und wie lange die Tour dauert. Fahrtwind um die Ohren wehen lassen – das geht von ein paar Minuten bis zu einem ganzen Tag.

Du kennst dich in Hamburg noch nicht so gut aus? Steck dein Handy einfach in die Halterung am Lenkrad und lass dich von deinem Navi durch den urbanen Dschungel lotsen. Nervige Parkplatzsuche adé, denn die knuffigen Zweiräder passen locker überall hin. Die coolen Schwalben sind dabei nicht nur umweltfreundlich, sondern sehen auch noch richtig fetzig aus. Fehlt nur noch eine Kutte und du bist auf dem besten Weg zum Rocker. Die Bikes lassen sich allein oder zu zweit fahren. Zwei Helme sind in der Miete inklusive, Hygienehauben befinden sich in der Helmbox. Und Handschuhe für den Winter.

Picknickkorb packen, Lieblingsspots im Hamburger Speckgürtel ausmachen, Pause einlegen und den Sonnenuntergang mit deinem Lieblingsmensch im Arm genießen. Geht's romantischer?

 Emmy sharing • verfügbare Standorte laut App • emmy-sharing.de

Vom Flow zur Ekstase
Nimm die Yogamatte mit in den Club

Schon mal im Club gewesen, ohne zu tanzen? Wenn du Lust auf ein neues Abenteuer hast, dann schnapp dir deine Matte, schlüpfe in bequeme Sportbekleidung und probiere dich beim *Elektro Yoga* aus.

← **Gegensätzliches zieht sich an: Yoga zu Elektro Beats**

Claudia Philipp von Inner Journeys kuratiert Kurse und Workshops für Körper, Geist und Seele. Mit elektronischer Musik zum richtigen Flow – dafür sorgt Lehrerin Laura Feindt bei dynamischen Yogaübungen. Und Dana Anderson mischt als DJane live den perfekten Beat dazu.

Der Rhythmus baut sich langsam auf. Lauter, schneller, dein Körper setzt ungeahnte Energie frei. Anstrengende Asanas bringen dich zum Schwitzen, wecken das Feuer in dir. Hier kannst du Altes loslassen und alles abschütteln, was nicht mehr zu dir gehört. Zwischendurch sorgen erdende und Gleichgewicht fördernde Asanas für Stabilität, Kraft und Selbstvertrauen. Die Berghaltung, der Baum, die Krähe. Eine abschließende Meditation entspannt.

Nach 90 Minuten ist der Workshop vorbei. Pure Euphorie im Raum und strahlende Gesichter. Ist das hier noch Hamburg oder schon Goa? Energiegeladen und high von natürlichen Endorphinen schwebst du nach Hause. Der Kater am nächsten Morgen ist gewiss – so intensiv hast du deine Muskeln schon lange nicht mehr gespürt!

 Elektro Yoga powered by Inner Journeys • Veranstaltungsort laut Website • elektroyoga.de

Kufen-Party
Eislaufen in Planten un Blomen

↓ Auch im Winter ist Planten un Blomen ein beliebter Anlaufpunkt – zum Eislaufen

↓ Partystimmung in der EisArena

New York hat den Central Park, Hamburg hat Planten un Blomen. Die »Grüne Lunge« und herrliche Parkanlage liegt mitten im Herzen der Stadt. Hier kannst du ab Spätherbst bis zum Frühjahr auf Deutschlands größter Freiluft-Kunsteisbahn Pirouetten drehen, bis die Funken fliegen. In der *EisArena* treffen sich täglich von 10 bis 22 Uhr alle, die Freude am Schlittern auf Kufen haben. Oder gern dabei zuschauen. Allein, mit Freunden oder der ganzen Familie – einfach ein heiteres Vergnügen.

Noch zaghaft auf dem spiegelglatten Untergrund unterwegs? Mit etwas Übung hast du den Dreh bald raus. Ansonsten frag mal Heinz Germershausen. Der ehemalige Vize-Europameister im Roll- und Eiskunstlauf verrät beim Eislauftraining für Jedermann gern Tipps. Einmal wöchentlich, für eine Stunde – kostenlos und ohne Voranmeldung.

Mit deinem Können rockst du bei den Clubnights die Eisfläche. Freitags und samstags heizt ein DJ ab 19 Uhr ein. Dann werden die Lautsprecher aufgedreht und bunte Lichtstrahlen tänzeln über das frisch gemachte Eis und in die dunkle Nacht.

Kufen stumpf? Das macht das Gleiten auf dem Eis schwierig. Beim Schleifservice erhalten deine Schuhe einen präzisen Hohlschliff. Falls du keine eigenen Schuhe besitzt – kein Problem. Etwa 1500 top gepflegte Schlittschuhpaare warten im Verleih auf dich. Also ab aufs Eis und bis zum nächsten Alstereisvergnügen üben!

Und im Sommer? Einfach Kufen durch Rollen tauschen. Unter dem Eis liegt eine astreine Rollschuhbahn.

 EisArena Hamburg • Holstenwall 30, 20355 Hamburg • eisarena-hamburg.de

INSIDER-TIPP
Meisterliches Coaching

West-Nord-Ost-Süd
100 Kilometer zu Fuß durch die Stadt

→ Grünes Hamburg: Auf der Tour eröffnen sich dir tolle Ausblicke

INSIDER-TIPP
Plane-spotting

Wälder, Geest, Marsch und Heide – eine grüne Perle umgeben von ganz viel Wasser. Auf dem »2. Grünen Ring«, einer Freizeitroute für RadWanderer, kannst du alle Landschaftstypen der Stadt entdecken. Ob Tagesausflüge auf eigene Faust oder Weitwander-Urlaub, insgesamt acht Etappen sind möglich. Los geht's im Westen am Fähranleger Teufelsbrück. Durch den Jenischpark, ein Prachtexemplar englischer Gartenkunst. Plane einen Zwischenstopp im Loki-Schmidt-Garten ein, Botanik-Fans lieben ihn. Sportskanonen toben sich im Altonaer Volkspark aus. Von Stellingen nach Ohlsdorf geht es weiter durch den Norden. Schrebergartenidylle trifft Landebahn. Dein Weg führt direkt am Flughafenzaun entlang. Im Sommer kühlst du deine dampfenden Füße bei einer Runde im Wasserpark Dove-Elbe im Osten bei Allermöhe. Im Herbst naschst du dich durchs Alte Land, das größte geschlossene Obstanbaugebiet Mitteleuropas. Zieleinlauf im Rüschpark in Finkenwerder. Brause auf die Hand, Pötte gucken. Auf der anderen Flussseite liegt der Startpunkt deines urbanen Abenteuers.

Mit dem ÖPNV erreichst du alle Start- und Endpunkte der *Freizeitroute »Grüner Ring«*. Tourenvorschläge mit Karten findest du online. Gedruckte Flyer zum Mitnehmen liegen in vielen Bücherhallen und in der Tourist Information am Bahnhof aus.

Lust auf Sightseeing extrem? Dann nimm am jährlich stattfindenden Megamarsch teil. 100 km in 24 Stunden. Blasenpflaster und olympischen Gedanken einpacken: Dabei sein ist alles!

13 **Freizeitroute »Grüner Ring« • Tourenvorschläge mit diversen Startpunkten: hamburg.de/wan dern-im-gruenen**

In die Takelage
Ein Museumsschiff
als Kletterrevier

Schon mal zwischen Schiffsmasten geklettert? Dafür musst du nicht zur Marine oder auf einem Schiff anheuern, sondern einfach zu den Landungsbrücken kommen. Auf dem *Museumsschiff Rickmer Rickmers,* einem 1896 gebauten Großsegler mit grün-weiß-rotem Rumpf, kannst du bis zu 35 m hochklettern. Oben erwartet dich ein fantastischer Ausblick auf den Hamburger Hafen. Unvergesslich: Die Auslaufparade beim Hafengeburtstag aus der Luft bestaunen!

← **Klettern mit Aussicht und Seemanns-Feeling**

Helm aufsetzen, Gurt anlegen, Karabiner festmachen. Du steigst ins Tauwerk und kletterst den Großmast in der Mitte des Schiffs hinauf. Ob die Seemannsknoten halten? Natürlich! Querbalken erleichtern dir das Aufsetzen der Füße auf dem wackeligen Konstrukt. Windstille. Das Schiff liegt verankert im Hafen. Dein Trainer spricht dir Mut zu. Kurze Verschnaufpause auf der ersten Aussichtsplattform. Da geht noch mehr. Auf zur zweiten Saling. Mit kreischenden Möwen auf Augenhöhe, dem Wolkenspiel ein Stück näher, Blick in die Werft. Was liegt da im Trockendock?

Hongkong, Südafrika, Portugal – das Segelschiff hat allerhand erlebt. Schau nach deinem Klettererlebnis unbedingt in die Dauerausstellung rein. Wenn du gut aufpasst, kannst du zeigen, wie plietsch du bist: Wie heißen die gezeigten Seemannsknoten? Verschickst du gern Postkarten? Bring deine Grüße aus Hamburg mit aufs Schiff und lass dir einen Sonderstempel verpassen. Nur die Besatzung und eingeschiffte Gäste dürfen diese offizielle Schiffspoststelle der Deutschen Post nutzen. Und Besucher wie du!

INSIDER-TIPP
Schön abgestempelt

 Museumsschiff Rickmer Rickmers • Landungsbrücken, Ponton 1a, 20359 Hamburg • rickmer-rickmers.de

Superhelden gesucht
Fische Müll und paddle gratis

Schwimmwesten überstreifen, ins Kayak steigen, mit Paddel und Müllgreifern bewaffnen. Eure Mission? Durch Fleete und Kanäle streifen und ordentlich Flaschen, Plastik und Unrat sammeln. Als Ranger habt ihr alles im Blick und spürt die Übeltäter im Nu auf. Etwas Gutes für die Umwelt tun und dabei jede Menge Spaß haben? Das wird belohnt! Die Initiative Green Kayak aus Dänemark hat an fünf Verleihstationen in der Stadt, darunter ziemlich coole Locations, Zwei-Personen-Boote liegen. Diese könnt ihr in einem vorgegebenen Zeitfenster kostenfrei zum Müllsammeln nutzen. Nach der Tour wird der Müll gewogen, registriert und bei der Stadtreinigung entsorgt. Ihr sichert euch online (*greenkayak.org*) vorher ein Boot und gebt die gewünschte Verleihstation an, z. B. *Zur Gondel* am Osterbekkanal. Hier könnt ihr zwischen Barmbek und Winterhude und weiter auf die Außenalster paddeln. Der *SUP Club* zwischen Iseplatz und Isekai in Eppendorf macht auch mit. Blick in imposante Villengärten inklusive. Die Strecke am Alsterfleet entlang ist einfach wunderschön.

Du willst raus in die Wildnis? Dann auf zu *Paddel-Meier*. Plätschere durch die Vier- und Marschlande auf der strömungsarmen Gose-Elbe. Felder und Wiesen säumen das Ufer. Grasende Kühe, Pferde und Ziegen. Natur pur – da wird doch jeder gern zum Retter der Natur, Flaschensammler und Müllfischer, oder?

← Paddeln und Gutes tun – das geht dank der Initiative von Green Kayak

15 **Zur Gondel • Kaemmererufer 25, 22303 Hamburg • zur-gondel.de**

16 **SUP Club Hamburg • Isekai 1, 20249 Hamburg • supclubhamburg.de**

17 **Paddel-Meier • Heinrich-Osterath-Str. 256, 21037 Hamburg • paddel-meier.de**

Das Rennen deines Lebens Mit Vollgas im Porschesimulator

→ **Jede Menge Autojuwelen sind im Privatmuseum zu finden**

→ **Knackst du die Rundenzeit im Porschesimulator?**

3, 2, 1 – **Startschuss!** Einmal im Leben rasante Runden in einem Porsche drehen. Bestzeit ausfahren. Über den Asphalt heizen. Als erster im Ziel einfahren. Die Menge jubelt, während du den Schampus auf dem Siegertreppchen entkorkst. Bis es soweit ist, absolviere ein paar Probestunden im Fahrsimulator. Im *Automuseum Prototyp* in der HafenCity wartet ein umgebautes Prachtexemplar in knalligem Orange auf dich. Vier Gänge. Keine Kupplung. Ein Lenkrad so groß wie ein Steuerrad. Der Porsche 356 ist eine Augenweide. Vor dir auf dem Bildschirm eine Rennstrecke mit kniffligen Passagen und engen Kurven. Im Kies gelandet? Reset-Knopf drücken und weiterfahren. Nur nicht von den zusehenden Museumsbesuchern verunsichern lassen. Zwischen drei Minuten und eins-dreißig – alles drin! Boxenstopp.

Reise bis zum nächsten Rennen durch 80 Jahre Automobilgeschichte. Ausgewählte Renn- und Sportwagen, seltene Fahrzeuge und Prototypen befinden sich im Privatmuseum. Ohne Absperrband. In keinem anderen Museum kommst du solchen Raritäten so nah. Dem Urahn aller Porsche-Sportwagen – einem stromlinienförmigen Berlin-Rom-Wagen aus dem Jahr 1939. Außerdem einem 1948er Kleinstrennwagen von Rolf F. Ludewig, einem 1956er VW Käfer mit Autodach, einem 1957er Porsche 356 Speedster. Und dem grünen Jordan 191. Darin gab Michael Schumacher sein Debüt in der Formel 1 beim Großen Preis von Belgien 1991 in Spa-Francorchamps. Neben Autos – Geschichten und Anekdoten zu Menschen und ihrer Liebe zu Pkws.

 Automuseum Prototyp • Shanghaiallee 7, 20457 Hamburg • prototyp-hamburg.de

Gestresst? Dann tief durchatmen, Ommm,
die entspanntesten Auszeiten liegen gleich
hier um die Ecke. Auf einer abgeschiedenen
Insel, in der japanischen Sauna, auf einem
Hochbett mitten im Wald. Hier findest du
ganz schnell wieder zur eigenen Mitte.

Die ruhigen Ecken

Entspannen von minimalistisch bis luxuriös

Tschüss Schmuddel-wetter Eine wärmende Wellnessreise

→ Erst schwimmen, dann saunieren – im Bäderland Bondenwald

Mal kurz aufwärmen, auftanken, fernträumen? Um Körper und Seele etwas Gutes zu tun, musst du nicht ans andere Ende der Welt reisen. Wie wäre es mit einer Schwitzeinheit im *Bäderland Bondenwald* in Niendorf? Hier kannst du in eine Saunawelt im japanischen Stil eintauchen.

In der Mediensauna Syasin ermöglichen Fotografien aus Japan eine digitale Stippvisite im fernen Osten, während sich bei 85 °C Wasserperlen auf deinem Körper bilden. Bei milden 65 °C kannst du einfach die Augen schließen und dem Rauschen eines Wasserfalls lauschen. Und nun? Darf's noch heißer sein mit wechselnden Aufgüssen oder lieber zum Ausruhen in den Garten? Kieselsteine, grüne Wiese, Bäume, rote Holzbrücken überspannen einen Teich. Typische Feng-Shui-Elemente, die dich wieder in Balance bringen und den Alltag vergessen lassen.

Das Hamam in Wilhelmsburg setzt die Traditionen der orientalischen Bäderkultur fort. Gelassenheit, Ruhe, innere Reinigung. Der Weg zum maximalen Glücksgefühl und purer Entspannung ist mitunter ziemlich schaumig und auch mal ruppig. Ein Hamamtuch umwickeln. Auf weißem Marmor aufwärmen, angespannte Muskeln lockern. Einmal das volle Programm, bitte! Einseifen, peelen, massieren – wo es zwickt und zwackt, dort sitzen die Alltagssorgen. Loslassen, entspannen und im Ruheraum im muckeligen Bademantel einen Tee genießen. Und schon ist das grau-kalte Wetter draußen vor der Tür vergessen.

1 **Bäderland Bondenwald • Friedrich-Ebert-Str. 71, 22459 Hamburg • baederland.de**

2 **Das Hamam • Veringweg 4, 21107 Hamburg • das-hamam.de**

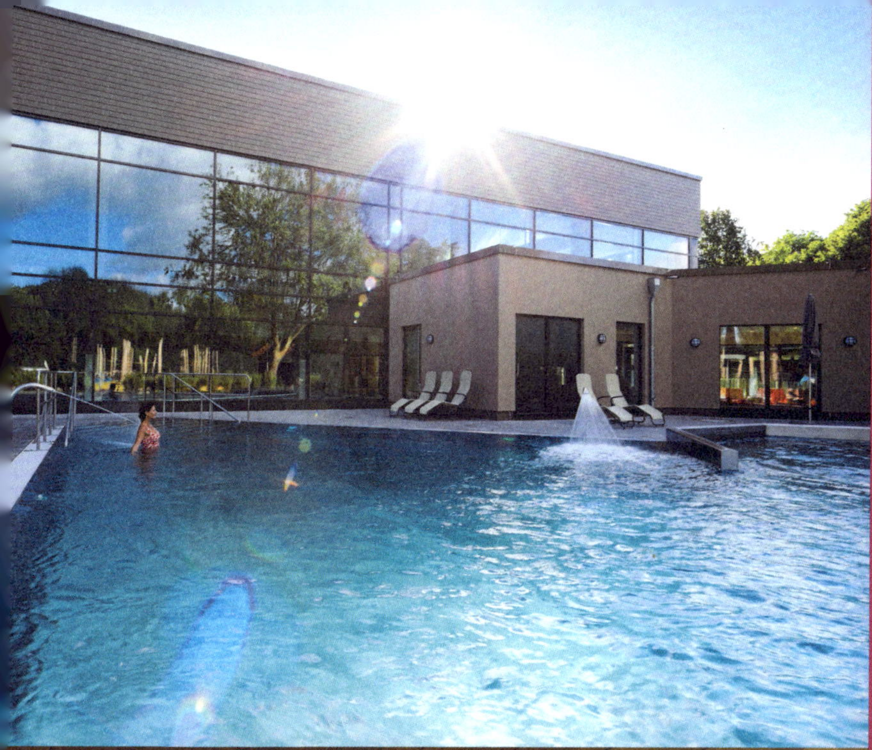

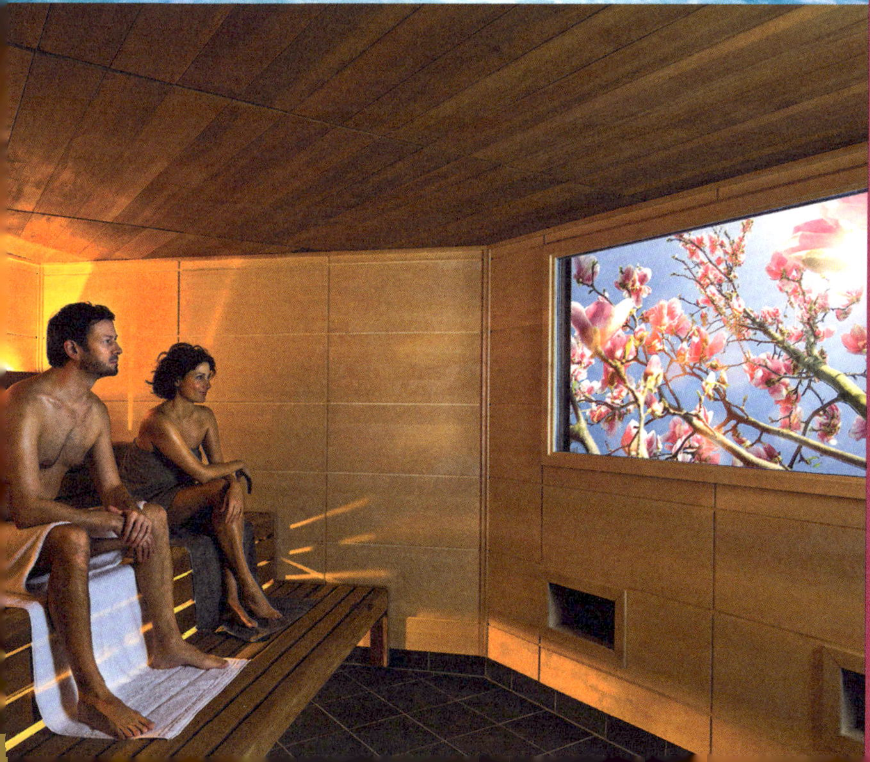

Immer schön sutsche
Kurzurlaub in der Wildnis

Immer mit der Ruhe. Mach Pause vom Großstadtzirkus. Wo geht das besser als in der Natur? Auf in den hohen Nordosten. Zu Fuß oder mit dem Rad erkundest du den Duvenstedter Brook. Im Infozentrum *BrookHus* erfährst du alles zu Fauna und Flora, von der letzten Eiszeit bis heute. Ein Potpourri norddeutscher Landschaften. Im Frühjahr landen Kraniche als Glücksboten auf den Weiden. Im Sommer überziehen zartrosafarbene Blüten die Glockenheide. Im Herbst geht das Röhren los. Damm- und Rothirsche ziehen durch die Bruchwälder und rangeln lautstark in der Dämmerung. Brunftzeit – bitte nicht stören! Eiskristalle verzieren Nieder- und Hochmoore im Winter. Was für eine Ruhe! Die App »Natürlich Hamburg!« lotst dich auf Routen durch dieses vielfältige Naturschutzgebiet.

Im Südosten liegt die *Borghorster Elblandschaft*. Ständig den Launen der Tide ausgesetzt. Ebbe und Flut. Hochwasser und Sturmfluten. Den botanischen und tierischen Überlebenskünstlern wird eine Menge abverlangt. Hier lebt einer der gefürchtetsten Kleintierjäger: Achtung, Ameisenlöwe! Während einer Rundwanderung bekommst du einen neuen Blick auf diese leise Wildnis.

Und dass du gar nicht in die Lüneburger Heide musst, um das schöne lila Farbspiel zur Blütezeit zu erleben, beweist die *Fischbeker Heide* im Südwesten. Ein unvergessliches Erlebnis: wenn du plötzlich vor einer Herde mit hunderten Heidschnucken stehst!

← Wunderhübsch, romantisch, wild: das lila Blütenmeer der Fischbeker Heide

INSIDER-TIPP
Gut umhergelotst

3 **BrookHus • Duvenstedter Triftweg 140, 22397 Hamburg • hamburg.de/brookhus/**

4 **Borghorster Elblandschaft • Altengammer Hauptdeich, 21039 Hamburg • hamburg.de/borghorst/**

5 **Fischbeker Heide • Fischbektal, 21149 Hamburg • fischbeker-heide.de**

Leinen los
So einfach geht Segeln

↓ Alle an Bord, nicht seekrank werden ...

↓ ... und der Skipper von Elbsegelei gibt sein Bestes

Großes Tuch, Mast, büschen Wind – auf geht's zum Törn, oder? Fast! Einen erfahrenen Skipper braucht es. Der bewahrt die Ruhe, wenn es plötzlich mit voller Wucht ins Segel bläst. Von Windstille auf Windstärke 5 – Europas reizendster Fluss hat so seine Tücken. Ansonsten kannst du ohne Vorkenntnisse und eigenes Boot auf Elbe und Dove-Elbe mitschippern.

Die *Elbsegelei* nimmt bis zu 9 Passagiere mit an Bord einer 13-Meter-Segelyacht. Blankenese, Falkensteiner Ufer, Elbinsel. Strände zum Anschmachten. Immer weiter Richtung Helgoland. Schöner geht Sightsailing nicht! Die Landratten genießen. Ange-

hende Piraten helfen bei Manövern, nehmen das Steuerrad in die Hand, trällern Seemannslieder wie bei »Inas Nacht«. Ist das hier ein Shanty-Chor? Gesegelte Meilen werden auf Wunsch im eigenen Logbuch bestätigt.

Am Hafen Serrahn in Bergedorf liegt ein Ewer. Noch nie gehört? 700 Jahre lang war dieser Schiffstyp das Transportmittel Nummer eins vom Wattenmeer bis zum Stromdelta der Hamburger Elbe. Platter Boden, spitz zulaufendes Heck, Pfahlmast, rötlich-braune Segel. Von den Vier- und Marschlanden zu den Hamburger Märkten – Obst und Gemüse an Bord. Der *Förderverein Vierländer Ewer e. V.* baute mit viel Enthusiasmus einen Ewer nach. Auf Törns zwischen Speicherstadt, Bergedorf und der KZ-Gedenkstätte Neuengamme erfährst du die bewegende Geschichte eines Transportmittels, das Hamburg so lange prägte.

6 **Elbsegelei • Vorsetzen 1, 20459 Hamburg • elbsegelei.de**

7 **Förderverein Vierländer Ewer e. V. • Serrahnstr. 1, 21029 Hamburg • vierlanden-ewer.de**

Ab in die Koje
Check-in im Hafen

Für ein Wochenende auf einem Frachter oder in einem Hafenkran übernachten? Das geht prima hier in Hamburg. Wasser und jede Menge Kais zum Anlegen gibt es schließlich genug.

← Heute wird nicht im langweiligen Hotel geschlafen, sondern im Schiff!

Im Museumshafen von Hamburg-Harburg liegt das historische Binnenschiff Lydios. Im ersten Leben als Frachter mit Kohle, Sand, Kies und Salz auf Nordeuropas Flüssen unterwegs, bietet er dir als *Kanal 77 – Schlafen im Hafen* heute ein wohliges Zuhause auf Zeit. Im umgebauten Laderaum gibt es vier Doppelzimmer und eine Suite. Die Holzdielen unter nackten Füßen fühlen sich herrlich warm an. Aus den Bullaugen lassen sich Kormorane beim Fischfang beobachten. Draußen nieslig, drinnen urgemütlich. Ins Bett kuscheln und lauschen, wie Regentropfen auf das Dachfenster prasseln. Einfach entspannend!

Privates Frühstück mit freiem Blick auf die Elphi gefällig? Dann ist der *Hafenkran Hamburg* mitten in der HafenCity etwas für dich. Früher Lastenheber, heute Hideaway für romantische Stunden zu zweit. Private Terrasse, Frühstücksbar, Spa mit Kamin. Großes Doppelbett in der Kranführerkabine, verspiegelte Fenster. Zwei Ledersessel laden zum gemütlichen Klönschnack ein. Es spukt? Liegt wohl an den Exponaten aus Harry's Hamburger Hafenbasar *(hafenbasar.de)*. Das skurrile Museum ist am Wochenende geöffnet. Einige Stücke haben es ins Microhotel geschafft. Die Mehrheit der Exponate aus allen Teilen der Welt schlummert allerdings im Bauch des Schwimmkrans. Harry Rosenberg hat sie einst von Seemännern abgekauft oder von Reisen mitgebracht. Holzmasken, Nautiquitäten, Vodoo-Figuren. So einen exklusiven Schlafplatz findest du in Hamburg kein zweites Mal.

INSIDER-TIPP
Schräge Raritäten

8 Kanal 77 – Schlafen im Hafen • Lotsekai 8, 21079 Hamburg • schlafenimhafen.de

9 Hafenkran Hamburg • Am Sandtorkai 68, 20457 Hamburg • floatel.de

Friedliche Stunden
Auf dem größten Parkfriedhof der Welt

→ Am Nordteich entlang und unter Bäumen hindurch: Der Friedhof Ohlsdorf lädt zu einem besinnlichen Spaziergang ein

Manche gruseln sich, andere tanken Kraft, sinnieren über die Vergänglichkeit des Lebens. Was kommt danach?

Der *Friedhof Ohlsdorf* ist ein friedvoller Ort. Ein Ort der Begegnung und Stille. Ein Ort für die Ewigkeit. Hier liegen Trauer und Freude nah beieinander. Abschied nehmen, loslassen, sich erinnern. Im Inneren der Trauerhaltestelle eine Nachricht mit Kreide oder kleine Erinnerungsgegenstände hinterlassen. Die letzte Ruhe finden: unter Bäumen, im Wildblumen- oder Schmetterlingsgarten, in der Krypta oder im Kolumbarium. »Letzter Hafen Ohlsdorf« – das Hamburger Grab schmückt ein Gedenkziegel. Handgefertigt aus Ton der heimischen Elbmarsch. Alle Weltreligionen und Nationen nebeneinander. Normalbürger neben Promis. Inge Meysel, Hans Albers, Jan Fedder, Loki und Helmut Schmidt und Heinz Erhardt.

Neben seiner Größe, Ohlsdorf ist größer als der Central Park in New York, beeindruckt der Friedhof mit seiner Vision. Ein Friedhof, der zugleich ein Park sein darf. Ruhesuchende und Aktive sind willkommen. Dürfen durch den Duftgarten lustwandeln. An Teichen meditieren. Auf Trimm-Dich-Parcours am Bramfelder See ihrem Körper Gutes tun. Eisvögel beobachten. In Kapelle Sechs an kulturellen Veranstaltungen teilnehmen. Pack dir den Podcast »Ohlsdorf bewegt« auf die Ohren. Geschichten von Menschen und ihrem Bezug zum Parkfriedhof geben dir ungewöhnliche Einblicke. Mit einem Orientierungsplan – gibt's am Haupteingang – behältst du stets den Überblick.

INSIDER-TIPP
Schon gehört?

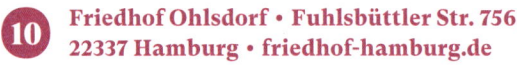

10 **Friedhof Ohlsdorf • Fuhlsbüttler Str. 756, 22337 Hamburg • friedhof-hamburg.de**

Um die Welt Eine Bibliothek mit jahrhundertealten Schätzen

Früher hieß es Museum für Völkerkunde, heute kurz und knapp: Markk. Das *Museum am Rothenbaum – Kulturen und Künste der Welt* wurde 1879 gegründet und ist eines der größten ethnographischen Museen Europas. Das verstaubte Image einer kolonialen Beutekammer möchte es hinter sich lassen, dafür Räume für kulturelle Begegnungen schaffen. Um Kunstwerke und Kulturen zu verstehen, braucht es Expertenwissen und Menschen, die mit Empathie und Offenheit Brücken zwischen Norden und Süden, Westen und Osten schlagen. Magst du auch einer sein?

↓ Ort der Wissensschätze: die Spezialbibliothek

Dann bieten dir rund 350 000 Museumsexponate aus Amerika, Asien, Afrika, Europa und Ozeanien eine immense Fülle an Wis-

sen, dazu kommt noch die öffentlich zugängliche und kostenfreie Bibliothek, die nur wenige besuchen. Vielleicht, weil man die schlichte Glastür neben Ganesha, dem elefantenköpfigen Hindu-gott für Schrift und Wissenschaft, leicht übersieht? Sie liegt hin-ter dem Großen Hörsaal, zwischen Restaurant und Inka-Galerie. Hier werden jahrhundertealte Schriften aus allen Teilen der Welt aufbewahrt. Rund 90 000 Bände, Reiseberichte aus dem 16. Jh., vielsprachige Dokumente, darunter auch Pashto, Farsi und Iwrith. Manche Bücher sind einmalig in Deutschland.

Dunkle Einbauschränke, Teppichboden, Wendeltreppe. Durch die Gänge und Regale stöbern – einfach Zeit und Raum vergessen.

Und für alle, die den Schätzen dieser Spezialbibliothek auf den Grund gehen möchten: Am ersten Donnerstag im Monat werden Bibliotheksführungen angeboten.

11 **Museum am Rothenbaum – Kulturen und Künste der Welt (Markk) • Rothenbaumchaussee 64, 20148 Hamburg • markk-hamburg.de/bibliothek (mit Anmeldung)**

Blütenrausch Am Außenmühlenteich in Harburg spazieren

→ Ganz weit weg vom Trubel: Nimm Platz und genieß die Auszeit mit voller Blütenpracht

Der Frühling ist da! Knallig pinke Rhododendronsträucher, hellrosa Kirschblüten, lila Flieder. Herrlich, wie der duftet. Ab Mitte April und mit steigenden Temperaturen explodiert die Blütenpracht rund um den Außenmühlenteich im Süden Hamburgs. Dann verwandelt sich *Harburgs Stadtpark* in das Wohnzimmer des Multikulti-Viertels. Bis zum Spätsommer wird auf kleinen und großen Wiesen gegrillt, auf Picknickdecken geschnackt oder in Büchern geschmökert. Studenten treffen sich zur Seminarvorbereitung, Mittagspause fern des Schreibtischs. Jogger, Radfahrer, Slackliner. Tretboote auf dem Wasser, Matschkuchen-Produktion auf dem Wasserspielplatz am Marmstorfer Weg, Klimmzugübungen für die Sommerfigur am Trimm-Dich-Platz vor dem Freizeitbad MidSommerland.

Wenn es dir am rund 3 km langen Rundweg entlang des Ufers zu hektisch ist, spaziere die Anhöhen hinauf und entdecke die unterschiedlichen norddeutschen Landschaften. Heide, Wälder, Moore und Wiesentäler – toll, woran Georg Hölscher bereits 1913 bei seinem Parkentwurf dachte. Und wie sich der Stadtpark im Lauf der Jahrzehnte an den modernen Stadtmenschen anpasste. Besonders schön: die »Gärten der Jahrtausende« mit verschiedenen Stilen aus der Gartenkunst, der Jugendstilgarten mit bodendeckenden Rosen und Laube sowie der Bauerngarten mit Stauden. In dieser Anlage mit insgesamt 16 km Wegenetz wirst du sicherlich deinen Lieblingsplatz finden, oder?

 Harburger Stadtpark • Bushaltestelle Außenmühle, 21077 Hamburg

Rutenmeditation
Entschleunigung beim urbanen Fischen

Frische Luft, Blick aufs Wasser, Zeit vergessen. 120 000 Anglerinnen und Angler tummeln sich in Hamburg, Deutschlands Angelhauptstadt. Tendenz steigend. Manche erinnern sich an Kindertage, beleben ihr Hobby. Andere wollen Neues ausprobieren, sind neugierig auf eine Tradition. Oder kennen jemanden, mit dem sie gern stundenlang Würmer anhaken. Mit Angelschein darfst du in den »freien Gewässern« der Hansestadt fischen. Wo diese liegen, erfährst du beim *Anglerverband Hamburg e. V.* Im Hamburger Anglerzentrum auf Entenwerder zahlst du die Fischereiabgabe, beantragst Boots- oder Gastangelkarte und begutachtest Gewässer auf dem großen Touchscreen. Grün: Angeln erlaubt. Rot: Hier droht Strafe, etwa an Fähranlegern und vom Ponton, in abgesperrten Hafenbereichen und auf Privatgrundstücken. Schonzeiten, Mindestgrößen und Tageshöchstfangmengen. Nicht jeder Fisch darf in die Pfanne. Abhakmatten und gummierte Kescher sind Pflicht. Aal, Bachforelle, Flussbarsch, Karpfen, Zander – gleich am Sperrwerk kannst du dein Glück probieren. Bei einem eintägigen Angelkurs gehst du ohne Lizenz mit einem professionellen Guide auf Tour. Köder an den Haken, mit Schwung die Rute auswerfen. Angelo Böhmer von *Elbcoast Guiding* zeigt dir Tricks und Kniffe. Vom Ufer und vom Bellyboot aus. Beine im Wasser, der schwimmbare Untersatz trägt dich. Na denn – Petri Heil!

← Angel auswerfen, warten, Schiffe beobachten – und mit Glück hast du dann was gefangen

INSIDER-TIPP
Angeln für Anfänger

13 **Anglerverband Hamburg e. V. • Entenwerder 10, 20539 Hamburg • anglerverband-hh.de**

14 **Elbcoast Guiding • Treffpunkt: Peutestr. 2, 20539 Hamburg • elbcoast-guiding.de**

Im Wald schlummern
Gute Nacht zu Fuchs und Hase sagen

→ Hohes Hochbett ...

→ ... mitten in der grünen Natur

Umgeben von hohen Bäumen auf einer Lichtung steht deine Schlafkanzel für eine Nacht. Ein paar Treppenstufen hinauf, Luke aufklappen, rauf aufs Holzpodest und schon ist das behagliche Open-Air-Hotelzimmer 2 m über dem Boden bezogen. Als Bett fungiert eine Art Strandkorb, so groß wie ein Doppelbett. Weiches Bettzeug, Kuscheldecke und Bücherregal machen das Körbchen richtig gemütlich. Strom, fließendes Wasser und Toilette fehlen zwar. Doch das *Forsthaus Friedrichsruh* an der Grenze zwischen Hamburg und Schleswig-Holstein sorgt dafür, dass ihr mit einem prallgefüllten Bollerwagen und unverzichtbaren Utensilien für eine Nacht bestens ausgestattet seid. Neben Klopapier und Klappspaten befinden sich darin Brennholz, Wasser und Mückenspray. Taschenlampe und Stirnlampe sowie eine Thermoskanne mit Heißgetränk für den Morgen danach solltet ihr von Zuhause mitbringen.

Im Feuerkorb knistern abgebrannte Holzscheite. Am wolkenfreien Himmel funkeln Sterne. Baumblätter rascheln sanft in der Dunkelheit. Im Unterholz knarzt es. Bereit für die Nacht? Wenn dir das Einschlafen bei dieser Geräuschkulisse schwerfällt, dann greif zum Nachtsichtgerät. Rehkitze und Wildschweine lassen sich aus sicherer Distanz am besten in der Dämmerung beobachten. Es regnet und stürmt? Kein Problem: Einfach das Dach des Schlafkorbs zuziehen und durch die drei Fensterchen nach draußen lugen, bis die Augen müde zufallen. Am nächsten Morgen wecken Rotkehlchen, Amsel und Star alle Waldbewohner.

15 **Forsthaus Friedrichsruh • Friedrichsruh, 21521 Aumühle • forsthausfriedrichsruh.de**

Außenposten im Wattenmeer Vögel beobachten

Hamburg hört kurz vor Pinneberg auf? Von wegen! Vermutlich kennst du die drei Exklaven Neuwerk, Nigehörn und Scharhörn noch nicht? Rund 100 km Luftlinie vom Rathaus entfernt liegen mitten im Hamburgischen Wattenmeer drei Inseln. Laut Verwaltung gehören sie zum Stadtteil Mitte, sind – ganz nüchtern betrachtet – jedoch ziemlich ab vom Schuss. Zwei Stunden Zugfahrt bis Cuxhaven und eine Stunde mit dem Wattwagen nach Neuwerk, zur einzigen bewohnten Insel. Hier schlägst du dein Nachtlager auf. Im Heu, Zelt oder Bett. Inspizierst den ältesten Leuchtturm der Stadt. Und wartest auf Ebbe.

Nur nach Rücksprache mit dem Vogelwart (Tel. 047 21/285 84, Infos beim *Verein Jordsand*) und bei Niedrigwasser ist ein Besuch

↓ **Wild und abgelegen: Auf Scharhörn kannst du Vögel beobachten**

auf Scharhörn möglich. Von Juli bis Ende Oktober starten Führungen (mit Anmeldung) ab dem *Nationalpark-Haus Neuwerk* (rechtzeitig Platz sichern).

7 km durchs Watt. Begrüßung vom Vogelwart. Fühlt man sich hier einsam? Frag selbst! Vielleicht kommst du auf den Geschmack und kannst dir so ein ungewöhnliches Leben inmitten von Vogelkolonien vorstellen? Zwei Stunden Fußmarsch zum Tante-Emma-Laden und zu anderen Menschen. Fernglas, Gummistiefel und Friesennerz sind deine treuen Begleiter. Im Watt buddeln. Müll und Bernsteine sammeln. Vögel zählen und beobachten. Schneeammer, Austernfischer und Raufußbussard. Über 300 Vogelarten, darunter weitgereiste aus Spitzbergen, Grönland und Nordamerika. Dieser Ort ist einzigartig!

INSIDER-TIPP
Weitgereiste Gäste

16 **Verein Jordsand zum Schutze der Seevögel und der Natur e. V. • jordsand.eu**

17 **Nationalpark-Haus Neuwerk • Insel Neuwerk 6, 27499 Hamburg-Insel Neuwerk**

Gleichgewichtsübung
Die Flussinsel durchpaddeln

→ **Zuerst wird gepaddelt, …**

→ **… dann im »Zum Anleger« gestärkt (geht natürlich auch andersrum)**

Ein richtig schöner Sommerabend. Ab aufs Wasser! An den Spots rund um die Alster ist es schwer, ein SUP-Brett zu bekommen. Die Fleete und Kanäle sind viel zu voll. Und dann kommt dir noch ein Alsterschiff entgegen und der Kapitän trötet einen seiner blöden Sprüche ins Horn. Hier die Alternative:

Setz dich in die S3 bis Veddel, schwing dich aufs Rad und fahre bis »Zum Anleger«. Hier liegt eine Oase mit Biergarten, Kanu- und Boardverleih. Zum Ankommen – ein kühles Getränk im *Biergarten »Zum Anleger«*. Gleichgewicht auf dem Brett finden, Paddel in die Hand, los geht's! Auf einem Rundkurs, etwa 3 km lang, entdeckst du Europas größte Flussinsel vom Wasser aus. Kanäle, Wettern, Teiche. Durch das Gelände der Internationalen Gartenschau und Internationalen Bauausstellung. Landratten warten auf den nächsten Geysir-Ausbruch. Eine riesige Wasserfontäne sorgt für Abkühlung. Am Ufer wird gegrillt und die Picknickdecke ausgepackt. Auf halber Strecke eine Verschnaufpause bei *Willi Villa* am Kuckuckssteich. Auf Holzstegen in der Sonne dösen, mit Snacks stärken. Lust auf getoastete Panini, Lolli-Waffeln oder hausgemachten Kuchen? Kontrabass und Akkordeon erklingen, Kinder tanzen und Erwachsene wippen im Takt. Ein unglaublich schöner Sommertag!

18 Biergarten »Zum Anleger« • Vogelhüttendeich 123, 21107 Hamburg • zum-anleger.de

19 Willi Villa • im Wilhelmsburger Inselpark am Kuckuckssteich, Hauland 81, 21109 Hamburg • willivilla.de

Tideauenwald-Erlebnis Radtour zum Leuchttürmchen

Manchmal muss es einfach sein: Kräftig in die Pedale treten, Wind von vorn, immer geradeaus am Deich entlang. Macht den Kopf frei, pustet Stress weg und fühlt sich an wie Urlaub auf dem Land. Frischluftkur für geplagte Großstädter.

← An denen musst du vorbei – wenn du deine Tour zum Leuchtfeuer Bunthaus machst

Bahnhof Harburg, über die Alte Harburger Elbbrücke, unter der Bundesstraße hindurch zum Finkenrieker Hauptdeich. Elbstrand. Urlaubsfeeling. Die Grand Tour führt weiter vorbei an Yachthäfen, Segelschulen, zum Stillhorner Hauptdeich. Hier liegt ein Naturparadies – das Naturschutzgebiet Heuckenlock, einer der letzten Tideauenwälder Europas. Es summt und brummt. Knorrige Kopfweiden dienen als Insektenhotels. Gut erkennbar die hängenden Nester der Beutelmeise. Nachtigall, Waldohreule, Seeadler – nenne dich einen Glückspilz, wenn du sie erspähst. Noch ein kleines Stück am Moorwerder Deich entlang. Reetgedeckte Häuser, Pferdeweiden, Gewächshäuser und Schafsköttel. Friedlich grasende braune und schwarze Schafe auf hellgrünen Wiesen. Postkartenidyll. Am Campingplatz vorbei. Da vorne auf der Landspitze steht das grün-weiß-rote *Leuchtfeuer Bunthaus*. Zur Aussichtsplattform sind es 19 Stufen, am Fuß des kleinsten Leuchtturms der Stadt lässt es sich prima auf der Bank sitzen und auf die Elbe blicken. An dieser Stelle teilt sich der gewaltige Fluss in Norder- und Süderelbe und vereint sich erst wieder in Altona. Stille. Einfach der perfekte Ort zum Abschalten. Jede Menge Wissenswertes erfährst du bei einer Führung im Elbe-Tideauenzentrum. Im Vereinscafé gibt's Kaffee und Kuchen (geöffnet nur an Wochenenden – Infos auf der Website).

 20 Leuchtfeuer Bunthaus beim Elbe-Tideauenzentrum • Moorwerder Hauptdeich 33, 21109 Hamburg • goep.hamburg

Glücklich wie die Schweden Im gemütlichen Wohlfühlcafé

→ Da läuft dir gleich das Wasser im Mund zusammen, oder?

Das schwedische Wort »Lagom« lässt sich schwer übersetzen. Vielleicht ist es so etwas wie »das rechte Maß finden«, »ausgewogen« oder »genau richtig« leben? Ein Lebensgefühl, das viele Aspekte des Alltags betrifft. Nachhaltiges Wohnen, gesunde Ernährung, Work-Life-Balance – sich auf das Wesentliche besinnen und zur Ruhe kommen. In keiner anderen Stadt ist es so einfach wie hier, die gemütliche Lebensart der Schweden auszuleben.

Den Alltagsstress lässt du getrost an der Türschwelle zurück. Rein in die gute Stube. Nimm Platz. Zeit für leckere Getränke und hausgemachte Gerichte im Café *LüttLiv* in Barmbek.

Direkt am Bahnhof, auf dem Gelände des Museums der Arbeit, liegt die alte Zinnschmelze mit dem hohen Schornstein. Anthrazitfarbene Küchentische und Stühle. Durch die hohen Fenster strömt Tageslicht. Zimmerpflanzen und Kerzenschein – heimelig ist es in der einstigen Fabrikhalle. Nase an der Kuchenvitrine plattdrücken: Vegane Schoko-Mandel-Tartelette oder Karottenkuchen mit ordentlich Kardamom? Auf dem Tresen stapeln sich die Zimtschnecken mit Hagelzucker. Kurzer Blick in die lütte Köök. Hier werden aus regionalen und saisonalen Produkten Brotzeiten, Landschnitten und Burger zubereitet. Vegan, vegetarisch, mit Bio-Fleisch. Du kannst hier nicht nur deine Fika verbringen, also die schwedische Kaffeepause, sondern auch ausgiebig speisen. Entweder im »Wohnzimmer« oder im Zirkuszelt – oder du reservierst den renovierten Bauwagen mit Platz für 10 Personen.

21 **LüttLiv · Maurienstr. 19, 22305 Hamburg ·** luettliv.de

Hier ist was los, hier steppt der Bär. Und du: mittendrin. Stürz dich rein ins pralle Leben, in die urigsten Events, die spannendsten Bars, die stimmungsvollsten Konzerte, die angesagtesten Festivals. Man lebt schließlich nur einmal!

Das pralle Leben

In Feierlaune das ganze Jahr

Straßenkunst und Kuriositäten Mitten auf St. Pauli

→ Slapstick, Comedy und Artistik im Zelt-Varieté

→ Jonglieren auf dem Einrad – defintiv Kunst!

Den Spielbudenplatz zwischen Reeperbahn, Davidwache und Panoptikum kennst du, oder? Hast du eine Idee warum er so heißt? Bereits vor 200 Jahren standen hier hölzerne Spielbuden. An der Grenze zwischen Hamburg und Dänemark herrschte Gewerbefreiheit. Das zog Jahrmärkte, Gaststätten und reisende Händler an. Marionettentheater, Schausteller und Kleinkünstler unterhielten Hamburger Städter. Voilà, eine Vergnügungsmeile war geboren. Das jährlich im Sommer stattfindende *Spielbudenfestival* knüpft an das Erbe der Straßenkunst an. Ein Wochenende lang, stellen Solisten und Solistinnen aus der ganzen Welt ihr Können unter freiem Himmel zur Schau. Akrobatische Tanzeinlagen, Zaubertricks und Feuer spuckende Menschen begeistern Klein und Groß.

Mr. Lo entzückt mit seiner Fingerfertigkeit. Er trägt Wochenprospekte als Kleidung, einen Papierhut, Getränkekartons als Schuhüberzieher. Sein Einkaufsroller proppenvoll mit Werbezeitungen. Mit flinken Handbewegungen und gekonnten Rissen zaubert er in Windeseile Papierblumen, bunte Girlanden und Büstenhalter, die allen ein Lächeln abgewinnen. Wahrlich meisterhaft! In der historischen Schaubühne lüftet sich der rote Samtvorhang. Eine lebende Frau ohne Kopf wird vom Mann im Arztkittel als Weltsensation vorgeführt. Die Illusion eines medizinischen Wunders ist perfekt. Beim Kuhglocken-Konzert muss das Publikum ran. Ob es mag oder nicht. Die Buschs dirigieren und sind ziemlich streng mit ihrem unfreiwilligen Orchester. Doch die Show muss ja schließlich weitergehen. Zum Dank gibt es tosenden Applaus, grölende Zurufe.

 Spielbudenfestival • Spielbudenplatz 21–22, 20359 Hamburg • spielbudenfestival.de

Brille auf
Kunst in einer neuen Dimension

Vrham! steht für *Virtual Reality & Arts Festival Hamburg* und ist das erste internationale Festival seiner Art. Seit 2018 werden hier Kunst und virtuelle Realität miteinander verknüpft. Im Juni heißt es in den Hallen des Oberhafenquartiers und in Pandemie-Zeiten auch im Netz: VR-Brille und Kopfhörer auf, abtauchen in neue Welten.

In der Vrexhibition erlebst du Filme in 360 Grad hautnah. Sie wirken manchmal surreal, manchmal fantastisch echt. Du wirst Teil interaktiver Kunstwerke, erlebst Künstliche Intelligenz in

Echtzeit. Ist das jetzt noch real oder schon projiziert? Spielen meine Sinne verrückt oder stehe ich wirklich am anderen Ende der Welt im Wohnzimmer dieser Frau, die gerade ihre Katze auf dem Sessel streichelt? Tänzer werden durch Tablets erst sichtbar, animieren zum Mittanzen.

Bei deinem physischen Besuch in den Hallen achtet das Team der Ausstellung darauf, dass du auf dem Boden bleibst und dein virtuelles Erlebnis sicher erleben kannst. Bis zu 15 Minuten kann so ein Trip in andere Dimensionen dauern. Statt zusehen – mitmachen und Neues erschaffen.

Ergänzend zur Ausstellung geben internationale Speaker aus allen Genres Einblicke in den Aufbau kreativer Konzepte und erläutern Herausforderungen, die bei der Umsetzung von Theaterstücken, Konzerten und Musikstücken entstehen. Wenn klassische Kunstformen auf moderne Technologien treffen, dann ist das ein ziemlich spannender Blick in die Zukunft. Du kannst dabei sein. Lust?

 Vrham! Virtual Reality & Arts Festival Hamburg • Stockmeyerstr. 43, 20457 Hamburg • vrham.de

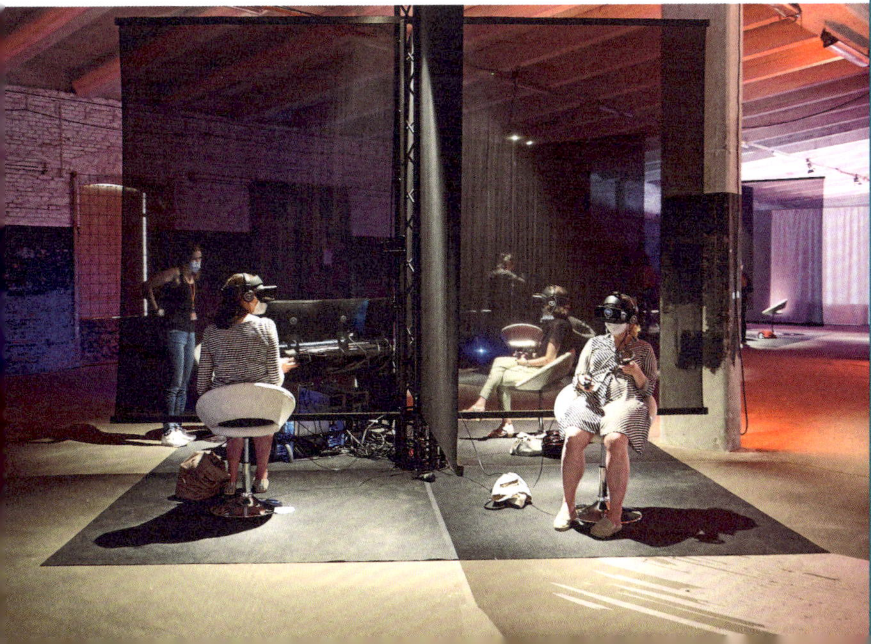

Kunterbunte Piep-Show Mittanzen beim Vogelball

→ Am besten bunt gefiedert …

→ … die Wilhelmsburger »Piep-Show« genießen

Jedes Jahr im Sommer tanzen nachts die Vögel auf dem Deich. Wenn der *Vogelball* in Wilhelmsburg auf die Elbinsel lockt, schwärmen bunt gefiederte Menschen klingelnd und schnatternd auf ihren Rädern durch den Alten Elbtunnel. Dem Ruf gen Süden folgen Rotkehlchen, Nachteulen und Kakadus. Mitten im Hamburger Hafen auf dem Reiherstieg-Hauptdeich tanzen sie, gemeinsam im Takt zu elektronischen Beats. Glitzerregen fällt vom Himmel. Auf der Erde liegen Konfettischnipsel. Die Elbe schlägt sanfte Wellen. Musik, Tanz, Perfomance – hier können Paradiesvögel durch die Nacht flattern und sich bis in die frühen Morgenstunden austoben. Den öden Alltag hinter sich lassen, sich verkleiden und mit bunten Federn schmücken. Papageien, pinke Flamingos, goldene Raben. Alles schon gesehen. Ausgefallen darf und soll es sein. Also schmeiße dich ins Ara-Kostüm, setze die Pfauenkrone auf und schminke dich zum Paradiesvogel – nur Mut!

Der queere Maskenball, bei dem alle mitmachen dürfen, findet auf dem Gelände des MS Artville statt – einem Experimentierfeld für Kunstschaffende. Bäume haben hier Gesichter. Auf einer Burg und unter einem Zirkuszelt jede Menge Nistplätze. An Schiffscontainern ranken Graffiti. Das ausrangierte Auto mit Spiegelmosaiken hat etwas von einer Diskokugel …

Das perfekte Ambiente um beherzt durch die Nacht zu raven und am nächsten Tag im Schwarm zwitschernd die aufgehende Morgensonne zu begrüßen.

 Vogelball • Alte Schleuse 23, 21107 Hamburg • msartville.de

Im Minutentakt
Nachwuchsfilme auf der Leinwand

Beim Kurzfilmfestival *abgedreht! Hamburgs junger Film* **kannst du alljährlich neue Talente entdecken.** Fatih Akin, Angelina Maccarone und Janek Riecke sind nur einige, die beim Festival dabei waren und hier ihre Erstlingswerke zeigten. Alljährlich werden hier Kurzfilme aller Genres einem bunten Publikum gezeigt.

Es gibt gleich zwei Dinge, die das Kurzfilmfestival so interessant machen. Erstens, die Filme stammen von Hamburgern und Hamburgerinnen oder entstanden in der Metropolregion. Zweitens, die Filmemacher und Filmemacherinnen gehen noch zur Grundschule, machen gerade ihren Abschluss oder stecken bereits im Filmstudium. Alle teilen die Leidenschaft für Schauspiel, Regie, Ton und Schnitt. Was die Jury überzeugt, landet im Programm. Bei den Aufführungen kommen Filmschaffende und Publikum zusammen. Aus erster Hand erfährst du Hintergründe zum Film. Und darfst rege mitdiskutieren. Lob, Anregungen, Kritik – schon mal einstimmen für den Deutschen Filmpreis oder die Oscars! Bei der Preisverleihung am Abschlussabend steht fest, wer einen Nachwuchsfilmpreis verdient.

Pandemien machen erfinderisch. Und so lautet das Motto: Draußen statt drinnen. Bleiben Kinos geschlossen, kommen die Filme eben raus an die frische Luft. Statt gemütlich im roten Samtsessel der Zeise Kinos zu versinken, wirf dir den Friesennerz über – und dann auf zum Schaufensterbummel. Filmspaziergänge mit Zwischenstopps machen das Kulturerlebnis im Stadtraum erlebbar. Vielleicht entdeckst du den einen oder anderen Drehort?

INSIDER-TIPP
Oscar-verdächtiger Nachwuchs

← Irgendwer filmt immer, wenn sich die Szene trifft

← Applaus für die jungen Filmemacher!

4 abgedreht! Hamburgs junger Film • Veranstaltungsorte laut Internetseite • abgedreht.hamburg

Humorvoll und auf-reizend Sinnliches Burlesque

→ Weiblich, aufreizend, stilvoll und spektakulär – das ist Burlesque

Auf dem Kopf sitzen Fascinator, luxuriöse Stirnbänder, bunte Perücken. Perlenketten, halterlose Spitzenstrümpfe und Nippel-Hütchen schmücken weibliche Körper. Das Ausziehen eines Handschuhs wird zum erotischen Spektakel. Mitten auf St. Pauli – ein Hauch von Las Vegas und New York!

Der kleine Nachtclub *The Bunny Burlesque St. Pauli* auf der Großen Freiheit gehört zum Kosmos der Travestiekünstlerin und Kiezgröße Olivia Jones. Hier werden von internationalen Burlesque-Stars wie Tronicat La Miez, Viola Vixen, Eve Champagne und Setty Moiz komödiantisch-aufreizende Acts aufgeführt.

Die Ursprünge des Burlesque liegen im American Vaudeville, einem Genre, das zum US-amerikanischen Unterhaltungstheater gehört. Weiblichkeit, Humor und ja, auch ein koketter Umgang mit halbnackter Haut gehören heute zu dieser eigenständigen Kunstform.

Was genau diese besondere Art der Performance ausmacht, kannst du hautnah bei *Teasedance Hamburg* erleben. Im Workshop oder Tanzkurs lernst du unter Anleitung einer ausgebildeten Tanzlehrerin alles über anmutiges und verführerisches Tanzen. Augenzwinkern, selbstbewusst zum Spiegel laufen, stark im eigenen Körper fühlen. Jede Wette, du und deine Mädels werden Dita Von Teese – *dem* Szene-Star – die Show stehlen!

INSIDER-TIPP
Selber Showgirl sein

5 The Bunny Burlesque St. Pauli • Große Freiheit 27, 22767 Hamburg • olivia-jones.de

6 Teasedance Hamburg – School of Burlesque • Kurse finden in diversen Fitnessstudios statt (Infos und Termine über Website) • teasedance-hh.de

Pure Euphorie
Wenn olle Kähne rumschippern

Gebaut, um am Tau im Hafen vor sich hin zu schaukeln? Nee, nee! Dampfer, Ewer und alte Schoner – sie gehören aufs Wasser, auf unsere Elbe.

Im Frühherbst feiert Hamburg seine Traditionsschiffe. An Land lockt das *Elbfest.Hamburg* mit einem bunten Programm. Shanty-Chöre, maritime Marktstände und norddeutsche Leckerbissen beleben den Traditionshafen in der HafenCity. Auf dem Wasser tummeln sich zwischen Teufelsbrück, Elbphilharmonie und Hansahafen über 50 historische Barkassen, Festmacherboote und Segler. Du kannst an Bord und so einen dollen Kahn mit all seinen Wehwehchen hautnah erleben.

So schön die Schiffe auch sind, sie kosten richtig Kohle. Ohne die ehrenamtliche Arbeit von rund 3000 Hamburger Bürgern und Bürgerinnen lägen einige Exemplare schon lange auf dem Schiffsfriedhof. Wolfgang ist Schiffsliebhaber und engagiert sich auf dem Dampfschiff »Schaarhörn«. Weißer Bart, dunkelblaue Seemannsmütze aus Strick, leuchtende Augen blitzen durch die runden Brillengläser. Auf See war er in den 1960er und 1970er Jahren. Skandinavien, Russland, Mittelmeer. Von Hamburg nach Buenos Aires und zurück. An Bord: Steaks und jede Menge Bier für die Geburtstage auf dem Atlantik. Heizkessel anschmeißen, Volldampf voraus, eine lebendige Zeitreise unter Deck der »Schaarhörn«. Ringsum: die 50er Schuppen im ehemaligen Freihafen und die »Peking«. Eine fröhliche Meute bricht zum nächsten Hafen auf – hat was!

← **Fürs leibliche Wohl ist selbstverständlich gesorgt**

← **Alte Barkasse – fröhliche Deerns**

 Elbfest.Hamburg • verschiedene Standorte entlang der Elbe • hamburg.de/elbfest-hamburg

Schunkelnde Clubs
Hier wird auf dem Fluss getanzt

→ Klönschnack an Deck der MS Stubnitz

→ Frau Hedis Tanzkaffee

Musik vom Plattenteller, schillernde Clubs und durchzechte Nächte – das ist Hamburg. Tanzschuppen an Land gibt's zur Genüge. Doch auf der Elbe feiern? Das geht nicht nur am Hafengeburtstag, sondern das ganze Jahr! Früher Sightseeing-Tour, heute wilde Party. An Brücke 10 wartet die blau-weiße Barkasse »MS Hedi« auf ihren Einsatz. Open-Air Kino, Lesungen, Punk Rock, Soul, ganz viel Indie und Balkan Pop – *Frau Hedis Tanzkaffee* ist ein schipperner Kulturort. Bar, Bands, DJs, tanzende Menschen. Stündlich legt das Motorschiff an den Landungsbrücken an. Dann hüpfst du drauf, legst ab, tanzt durch die Nacht, ziehst an beleuchteten Containerschiffen, Köhlbrandbrücke und Kränen vorbei. Erlebst du vielleicht gerade die schönste Nacht St.Paulis, Hamburgs, des Universums?

Ein Musikclub ganz anderen Ausmaßes ist die *MS Stubnitz*, ein ehemaliges Kühl- und Transportschiff der DDR-Hochsee-Fischfangflotte, das im Baakenhafen festgemacht ist. Unterwegs war es schon in Spitzbergen und Mosambik. Bis zu 60 t Fisch lagerten auf dem rund 80 m langen Motorschiff. Seit dem Umbau zum seetüchtigen Industriedenkmal kommen nur noch Kultur-Fans an Bord. Live-Bands spielen im Laderaum 4, die Akustik ist perfekt. Das ehemalige Verarbeitungsdeck ist mit zwei Bars ausgestattet. Hier trifft man sich in der Pause zum Klönschnack auf eine Buddel Bier. Platz für Kunst, Performance und Installationen gibt's auch. Unbeschreiblich: Der pink gefärbte Morgenhimmel, wenn du über die Gangway zurück an Land gehst.

INSIDER-TIPP
Durchtanzen zum Morgenrot

8 Frau Hedis Tanzkaffee • Sankt Pauli-Landungsbrücken, Brücke 10, 20359 Hamburg • frauhedi.de

9 MS Stubnitz • Kirchenpauerkai 26, 20457 Hamburg • stubnitz.com

Hanseatisches Temperament Bei den Kneipenchor-Medleys

Ganz und gar nicht unterkühlt! Hanseatinnen und Hanseaten wird gern nachgesagt, sie seien etwas steif – büschen drög. Von wegen! Kommt eben immer drauf an. Aufs Wetter, wer gerade vor einem steht und wie lange man sich schon kennt. Wenn der *Hamburger Kneipenchor* allerdings seine selten geprobte und oft improvisierte Playlist zum Besten gibt, dauert die Aufwärmphase meist nur einen Schluck lang.

Rund 40 engagierte Kehlen fetzen seit 2013 Hamburgs coolste Kneipen, Locations und Festivals: die Astra Stube unter der Sternbrücke, die Hallen auf Kampnagel, das Knust und »A Summer's Tale«. Geprobt wird auf dem Schulterblatt im Schanzenviertel, direkt neben der Roten Flora im Haus *73* – übrigens eine prima Location für Konzerte, Tanzabende, Jam-Sessions, Theater- und Filmabende, »Tatort«-Schauen und Kickerturniere. Geträllert werden Indie-Songs und Kult-Hits wie »Schrei nach Liebe«, »Don't Stop Me Now« und »Teenage Dream«.

Doch warum ein eigener Chor? Schließlich gibt es über 100 Chöre in der Stadt. Metal, Punk, Shanty. Trotz der Vielfalt, der richtige war nicht dabei. Also nicht lang schnacken – selbst machen.

Aus voller Kehle und tiefstem Herzen. Bei so viel Leidenschaft fallen schiefe Töne gar nicht auf. Der Chorleiter dirigiert unter der Diskokugel, der Saal tobt, alle grölen mit. Nur schunkeln ist verpönt. Das mag am Rhein vielleicht Sitte sein, hier gilt immer noch Mindestabstand. Oder doch nicht? Am besten kommst du selbst mal zu einem der legendären Abende her und schaust, wie sehr die Hütte brennt. Hach, Hamburch!

← Vom Kulturprogramm bis zum Frühstück – im Haus 73 ist Genuss angesagt

INSIDER-TIPP
Allrounder Hot-Spot

10 Hamburger Kneipenchor • Konzerte in gemütlichen Clubs, 20457 Hamburg • kneipenchor.de

11 73 • Schulterblatt 73, 20357 Hamburg • dreiundsiebzig.de

Joggend der Sonne entgegen Beim Sprint im Museumshafen

→ Über die Alte Harburger Brücke drüber ...

→ ... und an beleuchteten Gebäuden vorbei: Die Läufer:innen haben Spaß

Einmal im Jahr, im September, findet ein wahrlich buntes Fest in Harburg statt. Dann werden die Harburger City und der Binnenhafen illuminiert und der Startschuss für den *Sunset Museumshafen* fällt.

Hinter der Startlinie trippeln sich in farbenfrohen Trikots und Laufschuhen die Teilnehmer warm. An der Laufstrecke wird der Grill angeschmissen, der Soundcheck auf dem Kanalplatz ist in vollem Gange. Für die Sportlichen läuft der Countdown. Los geht's – dem Sonnenuntergang entgegen!

Der 5 km lange Rundkurs führt durch den Museumshafen, früher Umschlagplatz für Kohle und andere Güter, und an Sehenswürdigkeiten, bunten Murals, alten Kränen, Segel- und Frachtschiffen vorbei. Einmal über die Süderelbe, auf Kopfsteinpflaster über die Alte Harburger Brücke traben. Über den Hauptdeich – die Hälfte schon geschafft. Für einige steht die Zeit im Fokus. Andere genießen einfach die gute Stimmung und die besondere Atmosphäre. Je später es wird, umso eindrucksvoller leuchten die angestrahlten Gebäude in den Nachthimmel. So hast du Harburg bestimmt noch nicht erlebt!

Egal, ob deine Beine nach 5, 10 oder 15 km schwer werden. Du wirst gepusht und bejubelt als wärst du beim Marathon dabei. Hier werden alle gefeiert. Medaille umhängen und dann bei Rock'n Roll, Alsterwasser und etwas zum Essen auf der Hand das Fest genießen. Hamburgs charmantester Lauf!

 Sunset Museumshafen • Startschuss: Lotsekai, 21079 Hamburg • sunset-series.de/infos-muse umshafen/

Punsch und Pantof-feln Gemütliche Weihnachtsbasare

Warmer Glögg, Pfefferkekse und knusprige Waffeln, die nach Vanille und Butter schmecken. Handgestricktes, Lichterketten und Dalapferde. God Jul! Du bist mittendrin in Klein-Skandinavien. An zwei Wochenenden in der Adventszeit bringen die *Hamburger Seemannskirchen* auf dänische, schwedische, finnische und norwegische Weise Licht und Gemütlichkeit in die dunkle Jahreszeit. Man könnte auch sagen: Ziemlich hyggelig hier. Du kannst regionale Spezialitäten und Handwerkskunst erwerben. Schon mal Rentiergeschnetzeltes oder Saunawurst probiert? Wie wäre es mit Spielzeug, Kerzen und Wichteln aus Stoff für zuhause? Ein Teil der Erlöse aus dem Julbasar kommt der Seemannsmission zugute.

Auch in der *Hanseatischen Materialverwaltung* geht es weihnachtlich zu. Ein Wochenende lang (Termine auf der Website) kannst du mit Glühwein, heißem Kakao oder Bier durch den gemeinnützigen Fundus im Oberhafen stöbern. Hier lagern ausrangierte Bühnenbilder und Material von Filmsets und Theateraufführungen, die vor der Mülldeponie gerettet wurden, bereit für ihren nächsten Einsatz. Künstler, Kultureinrichtungen und Schulen warten nur darauf, Schiffshörner, Rettungsringe oder Holzboote bei ihren kreativen Projekten einzusetzen. Biedermeier-Sofa, rote Samtvorhänge, Diskokugel, Lichterkettenbaldachin, aufblasbarer Iglu mit DJ – das hier ist mit Abstand der kuscheligste Weihnachtsbasar der Stadt. Lieblingsstück schon gefunden?

← Weihnachtsgebäck und Glögg gehören in Skandinavien zur Adventszeit

← Kurioser Weihnachtsbasar mitten im Oberhafen

13 **Hamburger Seemannskirchen • Ditmar-Koel-Str. 2–36, 20459 Hamburg**

14 **Hanseatische Materialverwaltung • Stockmeyerstr. 41, 20457 Hamburg • hanseatische-material verwaltung.de**

Das war ein bisschen viel an Info? Du weißt nicht, wo du anfangen sollst? Na dann, hier kommen ein paar Vorschläge: die Tipps aus diesem Buch, neu gedacht, neu sortiert. Teste dies, probiere das und würfel alles wieder neu zusammen!

Mix & Match

Mach dein eigenes Ding

Kurzurlaub
In zwei Tagen besonders viel erleben

Tag 1

Auf Kreuzfahrt

Erst einmal Überblick verschaffen. Mit einem Tagesticket schipperst du bei der *Hafenrundfahrt* die Elbe rauf und runter. Genieße die Hafeneinfahrt mit atemberaubender Stadtkulisse. Alter Fischmarkt, Landungsbrücken, Docks, Michel und Elphi. Willkommen in Hamburg! → **S. 23**

Ab in die Hafenkneipe

Schietwetter? Auf ins *Museum für Hamburgische Geschichte!* Auf Zeitreise durch mehrere Jahrhunderte – von der Hammaburg zur Metropolregion. Du kannst ein Kaufmannshaus erkunden, als Auswanderer in die weite Welt ziehen oder einen Abend in einer Spelunke Seemannsgarn anhören. → **S. 28**

Schiff in der Buddel

Handgefertigte Souvenirs findest du bei *Buddel Bini* an der U-Bahn Sierichstraße. Hier werden Ein- und Mehrmaster im Miniformat in Flaschen bugsiert. Lieblingsschiff nicht dabei? Dann gib ein personalisiertes Exemplar in Auftrag. Oder nimm einen DIY-Bausatz für zuhause mit. Eine echte Geduldsprobe. → **S. 73**

Zum Nachmittagskaffee

Gemütlich bei Heißgetränk und Backgut im *LüttLiv* die Zeit verbummeln. Karottenkuchen, Zimtschnecke, Chai Latte oder Espresso? Nimm Platz in der ehemaligen Zinnschmelze, dem Zirkuszelt oder auf dem Platz vor dem Museum der Arbeit. → **S. 150**

Im Einzimmer-Theater

Der ehemalige Fischladen ist heute das kleinste Theater der Stadt. 40 Sitzplätze – mehr geht nicht im *Theater Das Zimmer*. Dafür kommst du im Stadtteil Horn dem Ensemble ganz nah. Verstecken? Geht nicht. Intimes Ambiente für einen einzigartigen Abend. → **S. 66**

Tag 2

Aufwachen im Waldkorb

Das Handy bleibt aus, das Wecken übernehmen Vögel und die Sonne. Mitten im Sachsenwald steht dein Bett – eine Schlafkanzel nur für dich. Du verzehrst entweder Open-Air dein mitgebrachtes Frühstück oder stärkst dich im *Forsthaus Friedrichsruh* zusammen mit Hotelgästen. → **S. 142**

Freier Fall

Nach so viel Ruhe und Erholung darf es ein bisschen Action sein, oder? Traust du dich? Dann mit *House Running Hamburg* rauf auf den hellblauen Hafenkran. Dieser Bungeesprung aus in 50 m Höhe beschert Nervenkitzel pur. Ganz nebenbei bestaunst du die Peking und besuchst das Hafenmuseum. → **S. 106**

Vegane Fischbrötchen

Elbtaufe gelungen? Nach so viel Aufregung möchtest du dich sicher stärken und den Sprung sacken lassen? Dann ab ins *Underdocks* auf St. Pauli!

Hier gibt's hippe Fischbrötchen – klassisch, vegetarisch und vegan. Aber auch Tacos, Burger sowie Fish'n Chips. → **S. 53**

Maritim gekleidet

»Es gibt kein schlechtes Wetter, nur falsche Kleidung.« Wenn dir der Wind mal wieder von allen Seiten um die Ohren peitscht, dann schau in der Rindermarkthalle vorbei. Dort kannst du dich bei *Fisherman Uwe* mit modernen Klassikern wie Fischerhemd, Troyer und Rollmütze eindecken. → **S. 94**

Auf der Reeperbahn

Nachts verwandelt sich die vielleicht sündigste Meile der Welt in einen anderen Kosmos – lass dir das nicht entgehen! Auf amüsante Art werden bei einer *Burlesque-Show* weibliche Körper teilentblößt. Bunte Kostüme, kunstvolles Make-up und kreisende Nippelhütchen. Mal sehen, was der Abend rechts und links der Reeperbahn noch so bereithält. Es wird eine lange Nacht. → **S. 162**

Auszeit
Ein herrlich entspannter Tag

Moin! Franz?

Beginne deinen Tag mit einem ofenwarmen Franzbrötchen bei *Mutterland*. Auf die Hand oder im Restaurant. Optionen: Klassik, Apfel, Schoki und Frischkäse. Lecker Kaffee dazu. Gerade so gemütlich. Omelette zwischendurch? Bombenstart! → **S. 58**

Auf dem Strich bummeln

Mönckebergstraße, Jungfernstieg und Neuer Wall lässt du links liegen. Zu stressig. Gehe auf Zeitreise durch die Altstadt, die sich heute *Neustadt* nennt. Galerien, Geschichten, Architektur, Fleetinseln – immer der roten Linie nach. → **S. 15**

Gemütlich Pötte gucken

Ab in die S-Bahn nach Blankenese. Treppenviertel, Villen, Elbstrand, Wolken, Leuchtturm, Frischluft. Hier ticken die Uhren anders. Perfekt zum Runterkommen. Auf'm *Ponton op'n Bulln* gönnst du dir ein spätes Mittagessen, eine Brause, lümmelst dich in eine Decke und winkst Ozeanriesen zu. What a feeling! → **S. 8**

Auf einen Drink

Schanze und Reeperbahn sind dir zu voll? Auf dem Weg von Blankenese zurück ins Zentrum kommst du an Bahrenfeld vorbei. Café, Bar, Destille – alles in einem. Mach's dir im *Drilling* gemütlich. In der Alten Marzipanfabrik werden eigene Sirupe, Säfte, Drips, Infusionen, Mazerate und Spirituosen gemixt. → **S. 63**

Date mit dem Turmhüter

Montags bis sonnabends erwartet dich ein Livekonzert auf dem *Michel*. Pünktlich um 21 Uhr trötets in alle Himmelsrichtungen. Und du stehst oben auf der Aussichtsplattform, das Lichtermeer der Stadt zu Füßen. Kamera zücken, Erinnerungsfoto schießen. War echt schön heute, oder? → **S. 11**

Weltreise
Exotische Orte ganz nah

Teigtaschen wie in Szechuan

Die Weingaleristen bringen ein Stück China ins Portugiesenviertel. Mittags gibt's Wan Tan, gefüllte Teigtaschen nach Szechuan Art, also ziemlich scharf oder nach Shanghai-Art als mildere Variante. Dazu ein Glas Wein – fertig ist das kosmopolitische Lebensgefühl made in Hamburg.
→ **S. 54**

Saunieren im japanischen Stil

Grau, nass, kalt? Ab in den *Bäderland Bondenwald*, Kraft tanken in der Saunawelt und vom fernen Osten träumen. Ein Nachmittag fühlt sich an wie ein Kurzurlaub in Japan. Kirschblüten für die Augen, Wasserplätschern für die Ohren und schweißtreibende Aufgüsse für den makellosen Teint. → **S. 126**

Klitzekleine Welt

So viel Liebe zum Detail! Das *Miniatur Wunderland* ist einmalig! Wo sonst kann man in wenigen Stunden eine Weltreise ganz ohne Flug- und Seemeilen absolvieren? Ob Tag, ob Nacht – ein Besuch lohnt! → **S. 19**

Orientalische Köstlichkeiten

Hummus, Karotten mit Nelken, syrischer Kartoffelsalat, Mokka mit Kardamom. Wenn die Karawane aus Köstlichkeiten unterwegs vom Teller in den Mund ist, lässt sie Gaumenfreuden zurück. Im *Saliba* an der Alster – mit Blick aufs Rathaus – kannst du vom Morgenland träumen. → **S. 41**

Auf Landgang

Seefahrer an den Landungsbrücken? Selten. Für Sightseeing bleibt kaum Zeit. Der Seemannsclub *Duckdalben* ist eine Institution für alle Fahrensleute, die mal kurz an Land können. Familie anrufen, Einkäufe erledigen, ein bisschen Kickern. Hier treffen Landratten auf Seebären aus aller Herren Ländern. → **S. 24**

Kinderkram
So werden die Kleinen glücklich

Ahoi, Wasserratten
Großstadtlärm vergessen, durch Kanäle paddeln, Wasserplätschern lauschen – auf dem Wasser unterwegs sein ist ein tolles Erlebnis. Die Strecke zwischen *Zum Anleger* und *Willi Villa* eignet sich prima als Einsteiger-Tour. Das Revier gehört Tretbootfahrern, Kanuten und SUPern – Barkassen bleiben draußen. → **S. 146**

Duell Groß gegen Klein
Im *Automuseum Prototyp* könnt ihr testen, wer schneller mit dem Porsche durch die Kurven kommt. Nehmt Platz im orangen Flitzer mit großem Lenkrad und heizt über die Rennstrecke. Ganz so einfach ist es dann doch nicht, oder? → **S. 122**

Eine Buddel Bonsche
Denkt an die Goldmünzen, liebe Eltern! Im *Bonscheladen* gibt's bunte Bonbons mit Rote Grütze, Apfel, Brause, Erdbeer-Melone. Mit Leuchtturm, Regenbogenflagge, Anker, Ahoi-Gruß. Die Mischung »Lütte Lüüd« macht extra gute Laune. Lieblingsmix zusammenstellen und zuschauen, wie Bonbons entstehen. Pippi, Annika und Tommy hätten ihre Freude. → **S. 57**

Ab in die Wanten
Wer hat das Zeug zum echten Piraten? Auf der *Rickmer Rickmers* zeigt der Nachwuchs, wie mutig er ist. Wer schafft es bis ganz nach oben? Die Angsthasen hier sind doch Mama und Papa, oder? Im Preis ist der Besuch des Museumsschiffs inklusive. → **S. 119**

Großes Theater für die Kleinen
Wann geht's endlich los? Staunende Augen, offene Münder, mucksmäuschenstill. Gespannt blicken Kinder ab 3 Jahren auf die Bühne. Im Sommer Open-Air vor dem *Theaterschiff Batavia*. Im Winter unter Deck. Die Vorstellungen sind beliebt und schnell ausgebucht. Rechtzeitig reservieren. → **S. 70**

Sauwetter
Wo es bei Regen besonders schön ist

Gemütlich im Kran

Regen peitscht gegen die Fenster. Nee, danke! Aus dieser Koje kriegt dich so schnell niemand raus. Bettwäsche aus Shuj-Seide, Erlebnisdusche mit Kamin, unverbauter Blick auf die Elphi. Nur du und der Hafenkran, ein gutes Buch, DVD Filme und eine ziemlich geile Skyline. → **S. 133**

Zwischen Bücherwänden

Nase zwischen Buchdeckel und abtauchen in Abenteuergeschichten und Reise-Chroniken. Bei nasskaltem Wetter verkriech dich in die Bibliothek im *Markk*. Kostenlos, einfach vorher per Mail anmelden und die Zeit vergessen. → **S. 136**

In der Fabrik

Mache dem tristen Grau da draußen eine Kampfansage. In der *Farbfabrique* bewaffnest du dich mit Farbtöpfen und tobst dich beim Acrylmalen oder Siebdruck mit Schönwetter-Farben aus. Oder doch lieber die Farben des Nordens: Beige, Greige, Indigoblau? It's up to you! → **S. 86**

Bei einer Tasse Tee

Nieselregen, Dauerregen, Sprühregen? Mach es dir gemütlich! Im *The Fontenay* an der Außenalster. Gönn dir Tee-Raritäten, Törtchen, Sandwiches und Kuchenspezialitäten. Lausche dem Piano. Warte ab. Kiek mol! Da scheint die Sonne wieder! → **S. 45**

Im Schiffsbauch

Lachen ist gesund, macht gute Laune. Beim Comedy-Crashkurs im *Theaterschiff Hamburg* kannst du herzlich und frei von der Brust weg über all die Klischees schmunzeln, die Hamburgern anhaften. Was stimmt? Was nicht? Find's selbst heraus. → **S. 20**

Wo find ich das? Wo will ich hin? Was ist sonst noch in der Nähe? Wer hat sich das alles ausgedacht? Und wohin schicke ich meine Fanpost, mein Feedback? Ganz schön viele Fragen. Die folgenden Seiten helfen dir weiter.

Dies & Das

Karten, Register und mehr

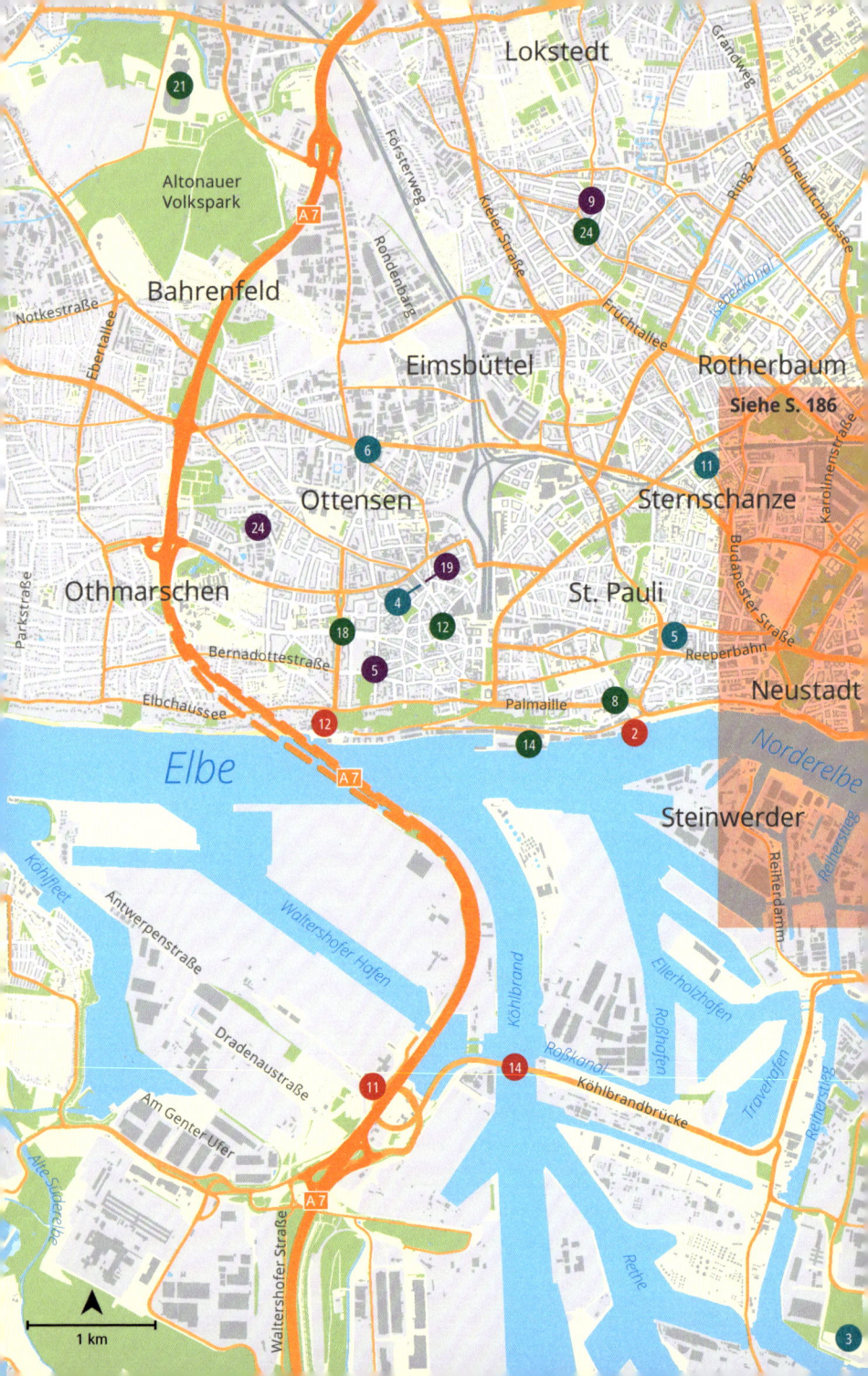

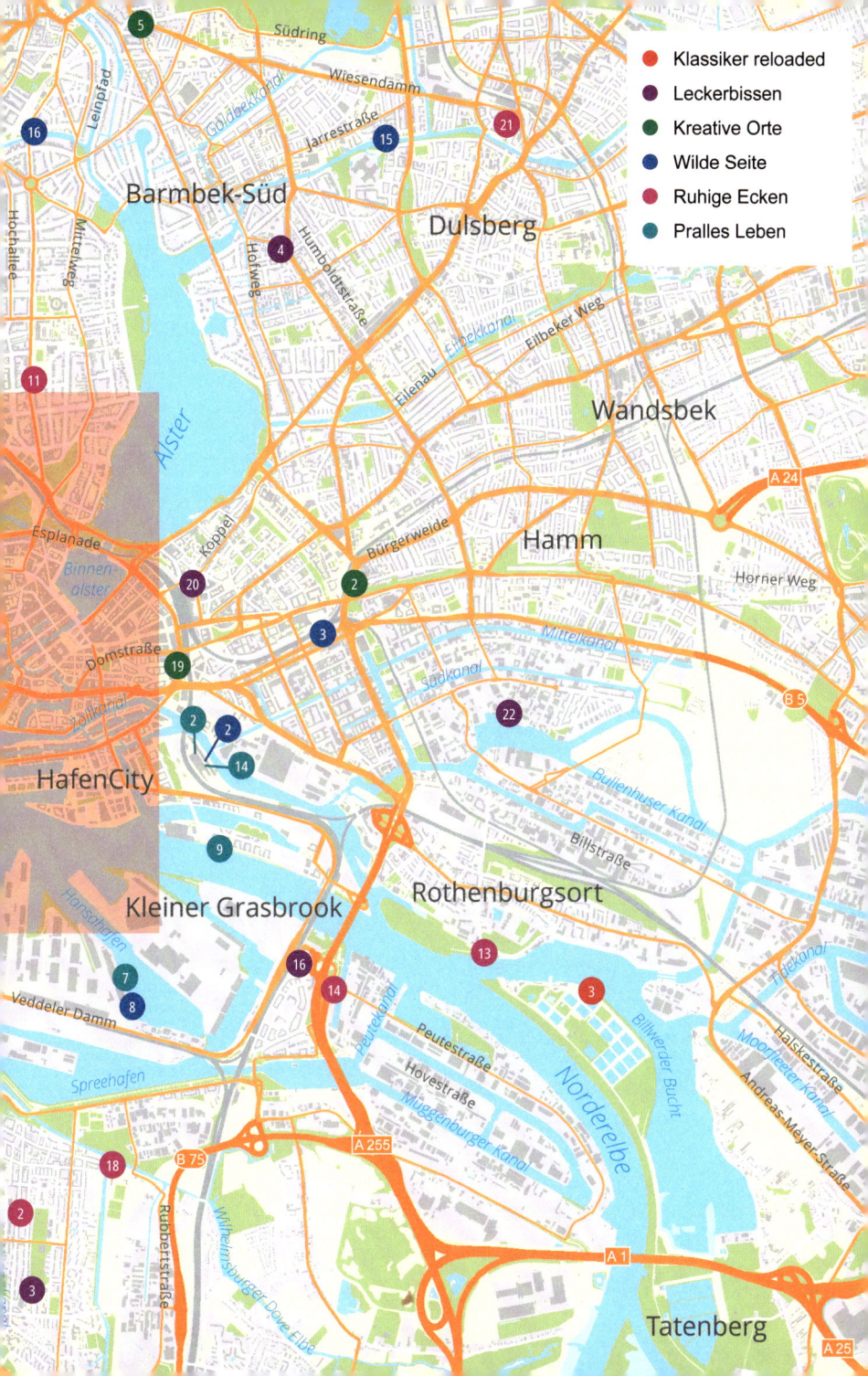

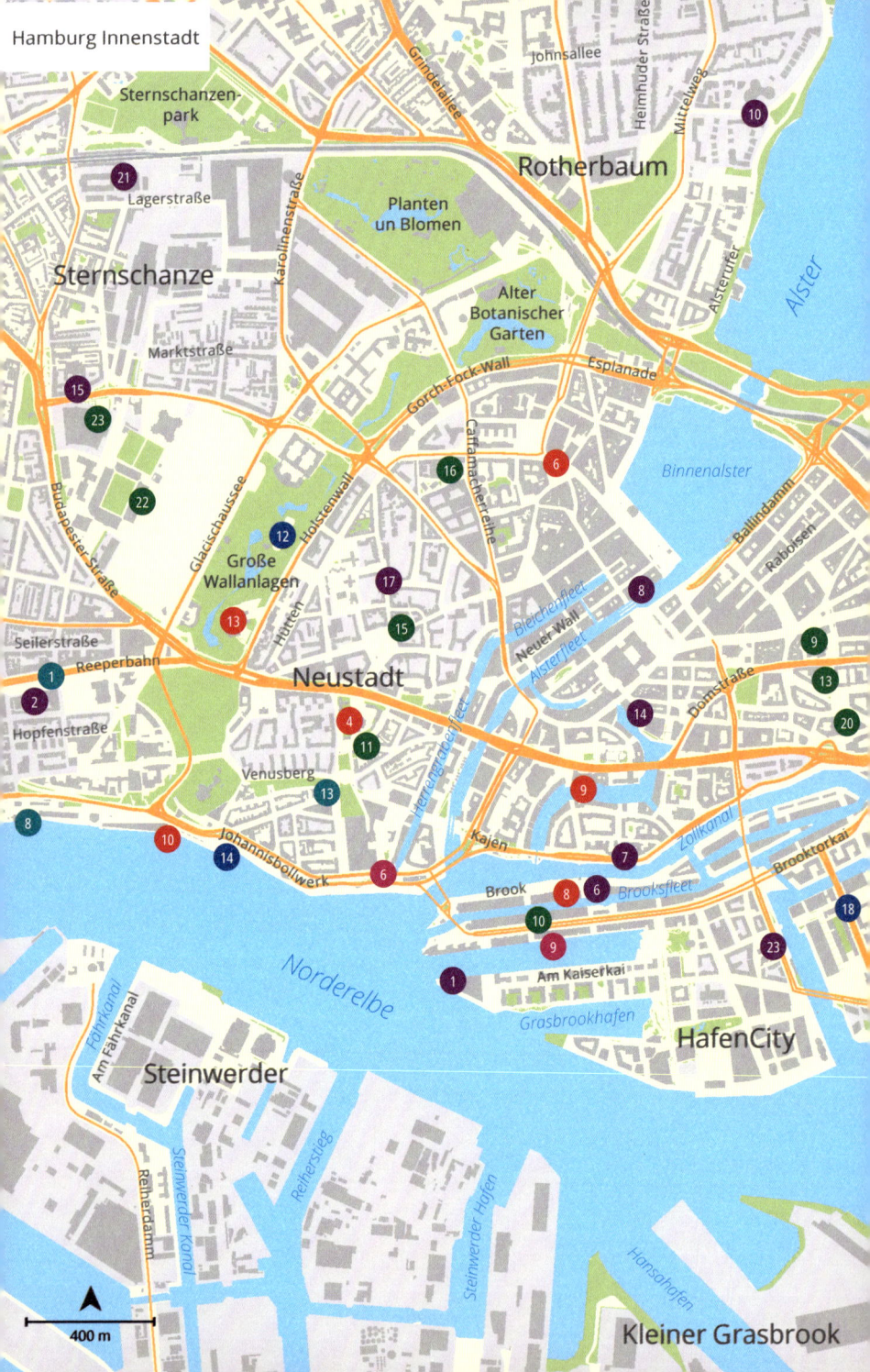

Hamburg Innenstadt

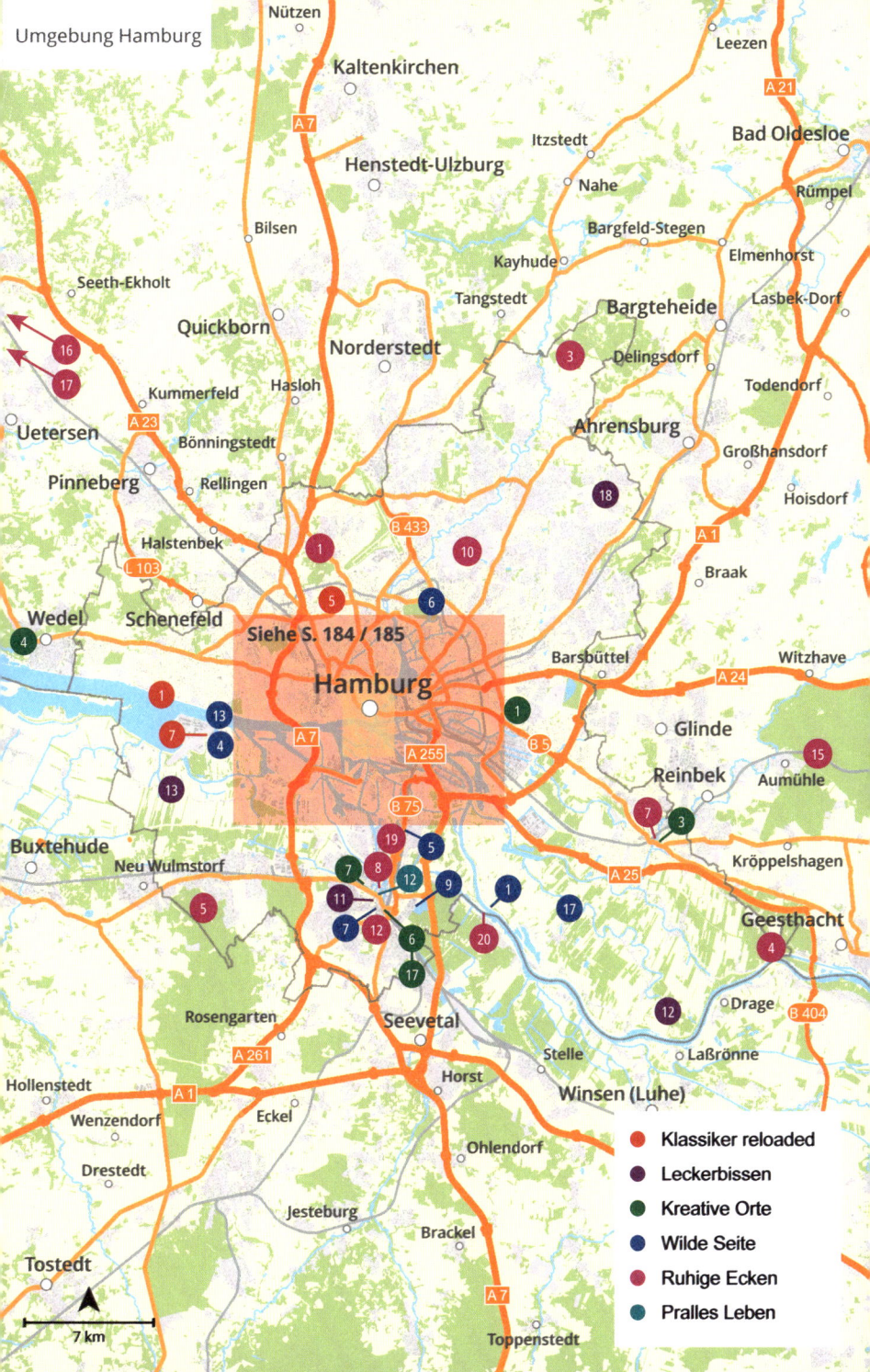

Umgebung Hamburg

Siehe S. 184 / 185

Legende

- 🔴 Klassiker reloaded
- 🟣 Leckerbissen
- 🟢 Kreative Orte
- 🔵 Wilde Seite
- 🔴 Ruhige Ecken
- 🟢 Pralles Leben

7 km

Register

Impressum

1. Auflage 2022
© 2022 MAIRDUMONT GmbH & Co. KG, Ostfildern

Printed in Italy

FSC MIX
Papier | Fördert gute Waldnutzung
FSC® C015829
www.fsc.org

Text: Sonja Anwar
Gestaltung Titel, U2 + U4:
Eggers + Diaper, Potsdam
Gestaltung Innenteil + U3:
Sofarobotnik – Büro für Gestaltung, Augsburg & München
Lektorat
Stephanie Ziegler, Guido Huß
Bildredaktion
Anja Schlatterer
Produktion
red.sign GbR, Stuttgart
Kartografie
© MAIRDUMONT, Ostfildern, unter Verwendung von Kartendaten von OpenStreetMap, Lizenz CC-BY-SA 2.0

Die Autorin

Sonja Anwar

Quiddje durch und durch. Geboren im Ruhrgebiet, aufgewachsen im Saarland, als Geographin und Reisebloggerin *(delightfulspots.de)* um die Welt. Anker geschmissen. »Die schönste Stadt der Welt« – nach 10 Jahren keine Plattitüde mehr. Sonja Anwar mag hier nicht mehr weg, trotz Schietwetter. Wasser, Wolkenspiel, Pötte gucken, Rad fahren, Paddeln im Sommer, ein Schnack für jede Lebenslage, Kulturen aus der ganzen Welt, Humor. Hamburg eben. Nur Fisch und Grünkohl verdienen, neben Butter, bisschen mehr Pepp.

Lob oder Kritik? Wir freuen uns auf deine Nachricht!

Trotz gründlicher Recherche schleichen sich manchmal Fehler ein. Wir hoffen, du hast Verständnis, dass der Verlag dafür keine Haftung übernehmen kann. Wir freuen uns aber, wenn du uns schreibst:

MARCO POLO Redaktion
MAIRDUMONT
Postfach 31 51
73751 Ostfildern
info@marcopolo.de

Bloß nicht!

Fettnäpfchen und Reinfälle vermeiden

»Moin« trällern

Kurz, knackig, Kopf nicken: »Moin!«.
Morgens, mittags, abends – der schöne
Küstengruß ist ganz pragmatisch, stets
im Einsatz. Mit »Hallo« grüßen, geht
auch. Alles ganz entspannt. Bei
»Mooorjen« oder »Morgen« hört der
Spaß aber auf, lieber Quiddje. Dann
lieber Sabbel halten!

Übers Wetter beschweren

Büschen Wasser von oben, Wind von
vorn – Schietwetter haut dich nicht
um. Sturmflut? Mag sein. Doch am
Wetter kannst du nix machen. Also
Friesennerz und Gummistiefel an.
Oha! Fischmarkt unter Wasser, steht
aber noch. Was zählt? Hamburg ist
mit mehr Sonnentagen gesegnet als
München.

Alles glauben

… was dir Schiffsführer auf einer
Hafenrundfahrt verklickern. Die
nehmen Landratten gern mal aufs
Korn. Und erzählen z. B., dass du
vom Michelturm drei Meere siehst.
Hafenarbeiter rufen dann schon mal
zu: »He lücht!« (Er lügt!). Erwischt!

Als Schnösel abstempeln

Designer-Tasche, Segelschuhe, Porsche. Hier darf jeder sein wie er mag.
Mit Status protzen, Bussis verteilen,
mit Auszeichnungen prahlen? Gitt,
nee! Zurückhaltend das Gegenüber
beobachten, hinter die Fassade blicken. Wenn's passt – wird Freund-
schaft draus. Dauert aber.

Buddel mitnehmen

In den Bahnen und Bussen des HVV
gilt Alkohol-, auf der Reeperbahn
Glasflaschenverbot. Wegbier ist also
nicht. Falls doch: Abfahrt im blau-sil-
ber Peterwagen zur Davidwache. Lieber ab in die nächste Kneipe – Lütt un
Lütt und Mexikaner bestellen, Tresen-
geschichten lauschen.